میں ادیب کیسے بنا؟

 میکسم گورکی

ترجمہ
محمد حسن عسکری

تحقیق و تعارف
احمد سلیم

سنگِ میل پبلی کیشنز، لاہور

923.4   Gorky, Maxim
           Main Adeeb Kaisay Bana?/ Maxim
           Gorky, tr. by Muhammad Hassan Askari,
           ed. by Ahmad Saleem.- Lahore : Sang-e-
           Meel Publications, 2016.
           144pp.
           1. Russian Literature - Biography.
    I. Title.

2016ء

افضال احمد نے
سنگ میل پبلی کیشنز لاہور
سے شائع کی۔

ISBN-10: 969-35-2962-6
ISBN-13: 978-969-35-2962-3

Sang-e-Meel Publications
25 Shahrah-e-Pakistan (Lower Mall), Lahore-54000 PAKISTAN
Phones: 92-423-722-0100 / 92-423-722-8143 Fax: 92-423-724-5101
http://www.sang-e-meel.com e-mail: smp@sang-e-meel.com

حاجی حنیف اینڈ سنز پرنٹرز، لاہور

ترتیب

مقدمہ

گوگول، دستوئفسکی اور ٹالسٹائی کی طرح میکسم گورکی کا نام بھی اردو قارئین کے لئے نیا نہیں ہے۔ اسے منٹو، اختر حسین رائے پوری اور محمد حسن عسکری سمیت اُردو افسانوی ادب کے کئی بڑے نام ملے جنہوں نے گورکی کے ناولوں، افسانوں اور خودنوشت سوانح عمری اور ڈائریوں کے ترجمے کیے۔ محمد حسن عسکری کو چھوڑ کر گورکی کے تمام مترجمین اس سے ذہنی اور نظریاتی طور پر وابستہ رہے۔ منٹو انقلابِ روس، روسی ادب خصوصاً چیخوف اور گورکی سے اس قدر متاثر تھے کہ منٹو کی ابتدائی پہچان گورکی کے ترجموں سے بنی اور جب منٹو نے اپنا پہلا طبعزاد افسانہ لکھا تو اس پر گورکی کا اتنا اثر تھا کہ یہ گورکی کا ہی افسانہ معلوم ہوتا تھا۔ شاید اسی لئے منٹو نے اسے ''گورکی کے افسانے'' کا حصہ بنا دیا۔ اسی طرح اختر حسین رائے پوری نے گورکی کی تین جلدوں پر محیط طویل خودنوشت کو اردو کا جامہ پہنایا اور اسے ہمیشہ اپنا ایک اہم کام سمجھا۔ یہی صورت حال کئی دیگر مترجمین کی بھی ہے، جن میں انور عظیم، ظ انصاری، رضیہ سجاد ظہیر، صابرہ زیدی اور حبیب الرحمٰن

کے نام قابل ذکر ہیں۔

تاہم حسن عسکری کا معاملہ سب سے مختلف اور جداگانہ ہے۔ عسکری کے سوانح نگاروں اور خود عسکری کے اپنے بیان کے مطابق لینن اور گورکی کے تراجم انہوں نے روٹی روزی کمانے کے لئے کئے۔ نظریاتی طور پر انہوں نے گورکی پر شدید تنقید کی۔ احباب کے نام ان کے بعض خطوط سے بھی یہی تاثر ملتا ہے۔ ہوسکتا ہے حقیقت میں دراصل ایسا ہی ہو لیکن عسکری کی سوانح عمری پر ایک سرسری سی نظر ڈالنے سے اندازہ ہوسکتا ہے کہ وہ زندگی میں کسی ایک نظریے پر نہیں ٹکے رہے۔ ابتدا میں وہ ترقی پسندی کے مخالف نہیں تھے۔ شاید اسی دور میں انہوں نے لینن اور گورکی کے تراجم کیے ہوں۔ اس بارے میں مزید تحقیق اور تجزیے کی ضرورت ہے۔ سردست یہی کہنا کافی ہوگا کہ انہوں نے چار پیسے کمانے کے لئے یہ تراجم کئے۔ اس بات کی تائید عزیز ابن الحسن کی تحقیق سے ہوجاتی ہے۔

”عسکری نے ابتداً جو ترجمے کئے، ان کا محرک معاشی مسئلہ تھا، جس نے تعلیم سے فراغت کے بعد انہیں کافی پریشان رکھا تھا“ (1)

وہ ان کے بھائی حسن مثنیٰ کا حوالہ دیتے ہوئے مزید لکھتے ہیں کہ:

” 1947 اور 1947 سے پہلے (عسکری کا) مکتبہ جدید سے تعلق پیدا ہوگیا تھا جن کے لئے وہ ترجموں کا کام کررہے تھے۔ اس بات کی تائید مزید اس خط سے ہوتی ہے جو انہوں نے 4 فروری 1947ء کو آفتاب احمد کے نام لکھا تھا۔ لیکن آفتاب احمد کے نام اپنے خط سے یہ واضح ہوجاتا ہے کہ گورکی کی کتاب کا ترجمہ وہ 1943ء میں شمشیر سنگھ نرولا کے لئے کرچکے تھے، جو انہی دنوں دہلی

سے شائع ہو گیا تھا۔ الجدید نے اس کا دوسرا ایڈیشن شائع کیا تھا۔ یہ بات واضح نہیں ہے کہ دوسرا ایڈیشن عسکری نے خود چھپوایا تھا یا الجدید والوں نے اپنے طور پر اسے شائع کر دیا۔

لینن کی کتاب ''ریاست اور انقلاب'' عسکری کا اوّلین معلوم ترجمہ ہے، جو ہند کتاب گھر، دہلی سے چھپا تھا۔ ترجمے پر رائے زنی کرتے ہوئے عزیز ابن الحسن لکھتے ہیں:

''یہ کوئی ادبی کتاب نہیں اور نہ مترجم نے اسے کسی ایسی خوبی کی بنا پر ترجمہ کیا ہے بلکہ اسے محض گزر اوقات کا وسیلہ جان کر ترجمہ کیا تھا۔ جس زمانے کا یہ ترجمہ ہے، اس دور میں عسکری ادب کے اشتراکی نقطۂ نظر کے سخت خلاف تھے اور ذرا بعد اپنے مضمون ''ادب اور انقلاب'' میں اس نظریے پر سخت تنقید کی تھی۔ لہٰذا اس ترجمے کی حیثیت علمی و ادبی نہیں۔'' (2)

یہ تبصرہ خاصا دلچسپ اور اپنے اندر تضاد لئے ہوئے ہے۔ لینن کی یہ معروف کتاب یقیناً کوئی ادبی کتاب نہیں تھی۔ ظاہر ہے یہ ایک نظریاتی کتاب تھی۔ جو سرمایہ داری کے مخالف نظریئے کو بنیاد بنا کر لکھی گئی تھی۔ مصنف نے کبھی اس کے ادبی ہونے کا دعویٰ نہیں کیا تھا۔ نہ اسے کوئی مایہ ناز علمی کارنامہ قرار دیا تھا اس لئے یہ کہنا مضحکہ خیز ہے کہ اس کتاب کی کوئی علمی و ادبی حیثیت نہیں۔

دلچسپ بات یہ ہے کہ عسکری کا مضمون ''ادب اور انقلاب'' لینن کی کتاب پر تنقید نہیں ہے۔ نہ ہی انہوں نے لینن کے نظریۂ انقلاب پر بحث کی ہے۔

انقلاب کی تین مختلف اور متضاد تعریفیں بیان کرنے کے بعد وہ میر کے اشعار میں چھپا ہوا انقلاب ڈھونڈ نکالتے ہیں، ساتھ ہی انہوں نے یہ نوید بھی سنا دی ہے کہ میرا تصور کردہ انقلاب کبھی رونما نہیں ہوگا۔ عسکری اپنے مضمون کی تان اس بات پر توڑتے ہیں کہ بڑا ادیب ہی سب سے بڑا انقلابی ہوتا ہے۔" (3)

زیرِ نظر کتاب "میں ادیب کیسے بنا؟" بھی محمد حسن عسکری کا ترجمہ ہے، جو سب سے پہلے 1943ء میں شائع ہوا تھا۔ مظفر علی سید نے عسکری کے اس ترجمے کو ان کے دیگر تراجم کے مقابلے میں اسے کم حیثیت گردانا ہے۔ دیگر تراجم میں "آخری سلام" (کرسٹوفر اشروُد)، مادام بواری (گستاوٗ فلوبیر) سرخ و سیاہ (ستاں وال) اور موبی ڈِک (ہرمن میل ول) جیسے ناول شامل ہیں۔ حسن عسکری کا مضمون "مارکیست اور ادبی منصوبہ بندی" نہ صرف گورکی کی بلکہ پورے سوویت نظام اور اس کی حاصلات کی مکمل تردید ہے۔ عسکری لکھتے ہیں:

"اپنی تمام تر ترقیوں کے باوجود روس کی روحانی زندگی پر ایک عجیب بے چارگی ٹپکتی ہے خواہ اس پر ملمع کرنے کی کتنی ہی کوشش کیوں نہ کی جائے۔ یوں روسی حکومت کے قول کے مطابق تو جتنی ادبی کتابیں قدیم و جدید، روس میں پڑھی جاتی ہیں اتنی دنیا کے کسی اور ملک میں نہیں پڑھی جاتیں مگر تہذیبی معاملات سے عوام کے اتنی دلچسپی لینے کے باوجود روسی کسی فن میں بھی کوئی ایسی تخلیق نہیں پیش کرسکا جسے بورژوا تہذیب کی تخلیقات کا ہم پلہ کہا جاسکے۔" (4)

اس الزام کو گورکی کا اعتراف کہہ کر اس کے مضمون سے تفصیلی وضاحتیں

پیش کی گئی ہیں۔ کئی صفحات پر مشتمل یہ تفصیلات بے حد دلچسپ اور کافی حد تک عسکری کی اپنی تاویلات کا اظہار معلوم ہوتی ہیں۔

''انسانوں کی بنیادی انسانیت کا احساس مارکسوں کو مذہب یا آرٹ سے حاصل ہوسکتا تھا مگران کی نظروں میں دونوں چیزیں مشتبہ ہیں۔ انیسویں صدی کا شاعر گورکی کے لئے انسان نہیں ہے بلکہ بورژوا شاعر ہے۔ یہ ایسی کورفہمی ہے کہ میرے نزدیک تو گورکی کے افسانے تک مشکوک بن جاتے ہیں اور مجھے شبہ ہونے لگتا ہے کہ اس ذہنیت کے آدمی کے افسانوں میں رحم، ہمدردی اور جذبات پرستی ہے یا نہیں۔ انسان کو انسان نہ سمجھنے سے بڑھ کر اور کیا انسانی جرم ہوسکتا ہے؟ ۔۔۔ گورکی جیسے نو دولتیے لوگ یہ بات آسانی سے نہیں سمجھ سکتے کہ شاعر ذہنی اعتبار سے اپنی تہذیب سے بلند ہوکر زندگی پر غور کرسکتا ہے۔'' (5)

عسکری ایک کے بعد ایک فتویٰ جاری کرتے چلے جاتے ہیں یہ بھول جاتے ہیں کہ انسان اور انسانیت کی قدروں کا پرچار ایک ایسا شخص کر رہا ہے جو دو روٹیوں کے بدلے کوک شاستر کا ترجمہ تک کرنے کے لئے تیار ہوجاتا ہے۔ ضروری معلوم ہوتا ہے کہ ہم خود عسکری کے اس خط کی طرف رجوع کریں جو انہوں نے فروری 1947ء میں آفتاب احمد کے نام لکھا تھا:

''گورکی کیا، پیسے ملتے ہوں تو میں کوک شاستر کا بھی ترجمہ کرڈالوں، ورنہ ویسے تو مجھے اس کتاب سے انتہائی اختلاف ہے کہ مجھے یہ تک یاد نہیں رہا کہ اس میں لکھا کیا ہے۔ نرولا صاحب چاہتے تھے کہ میں دو چار صفحے کا

دیباچہ بھی لکھ دوں مگر میں نے ان سے صاف کہہ دیا کہ اگر آپ مجھ سے دیباچہ لکھوایا تو آپ کی کتاب نہیں بکے گی۔" (6)

پہلی بات تو یہ ہے کہ کوک شاستر جنسی موضوع پر ایک قدیم علمی کلاسیک ہے۔ جس کے جعلی ایڈیشنوں اور چربوں نے اس کا تاثر بگاڑ دیا ہے۔ کم از کم عسکری کے پائے کے اہل علم کو کلاسیک اور جعلسازی میں تمیز کرنا چاہیئے۔ دوسرے ڈاکٹر آفتاب احمد کے لئے مناسب نہیں تھا کہ وہ ذاتی خط و کتابت کو عام کریں۔ بہرحال یہ حسن عسکری اور آفتاب احمد کا ذاتی معاملہ ہے۔ جہاں تک گورکی کا سوال ہے، کتاب سے شدید اختلاف کے باوجود پیسوں کے لئے اس کا ترجمہ کرنا ایک اخلاقی سوال ہے۔ پھر یہ بھی ظاہر ہوتا ہے کہ گورکی سے کوئی نظریاتی اختلاف نہیں ہے بلکہ اصل اعتراض اس کے نو دولتیا ہونے پر ہے۔

عسکری نے جنسی جبلت، موت اور سائنسی ترقی کے حوالے سے بھی گورکی کے خیالات کو ہدف تنقید بنایا ہے۔ اگر وہ گورکی کے فنی اور تخلیقی پہلوؤں پر نظر ڈالتے اور کم از کم زیر نظر کتاب کے عیوب و محاسن کا جائزہ لے لیتے تو اس کتاب کے قاری کو اس تجزیے سے خاصی مدد ملتی۔ گورکی کی ادبی منصوبہ بندی پر تنقید کرنے کے ساتھ ساتھ انہیں گورکی کے ناولوں اور افسانوں پر گہری نظر ڈالنی چاہیئے تھی۔ آخر منٹو نے بھی تو انگریزی میں دستیاب گورکی کے افسانوں کو اردو میں منتقل کرنے کا بیڑہ اٹھایا تھا۔ یہ وہ منٹو تھے جن کے ساتھ مل کر انہوں نے ترقی پسندوں کے خلاف متحدہ محاذ بنایا تھا۔ جب 1939ء میں لکھنؤ سے "نیا ادب" نکالا اور مختار زمن نے عسکری کو اس سے متعارف کرایا تو بعد میں اسی "نیا ادب" میں ان کا افسانہ "پھسلن" شائع ہوا

تھا۔ لیکن عزیز ابن الحسن کی تحقیق کے مطابق:

''مختار زمن کے ذریعے عسکری کو معلوم ہوا کہ اردو میں 'نیا ادب' نامی ایک شے پیدا ہوئی ہے اور انہوں نے مذاق ہی مذاق میں ''نئے ادب'' کی نقل کرتے ہوئے اپنا پہلا افسانہ لکھ ڈالا۔'' (7)

اس ساری بحث کے باوجود دو باتوں سے انکار نہیں کیا جا سکتا، ایک یہ کہ کتاب کا مصنف گورکی ہے اور دوسرے یہ کہ اس کتاب کا مترجم محمد حسن عسکری ہے۔ گورکی اور اشتراکیت کو مکمل طور پر رد کردینے کے باوجود یہ حقیقت اپنی جگہ موجود رہے گی۔ یہاں ہم یہ کہے بغیر نہیں رہ سکتے کہ عسکری کا یہ ترجمہ ان کے دیگر تراجم کے مقابلے میں کسی طرح کم تر درجے کا نہیں ہے۔ جیسا کہ مظفر علی سید نے دعویٰ کیا تھا۔ اس کے برعکس فرانسیسی ناولوں کے تراجم میں کہیں کہیں جھول ہے۔ ایک مرتبہ فرانسیسی زبان و ادب کے ماہر ڈاکٹر لئیق بابری نے عسکری کے فرانسیسی تراجم کے بارے میں بات کرتے ہوئے کہا تھا کہ ''مادام بواری'' اور ''سرخ و سیاہ'' میں کئی مقامات پر غلطیاں ہیں۔ کاش اس رائے کا اظہار انہوں نے لکھ کر کیا ہوتا۔ اگر ان ناولوں کے تراجم کو کمزور اور نہ بھی تسلیم کیا جائے تو بھی گورکی کے ترجمے میں قطعاً کوئی خرابی نظر نہیں آتی۔ میں نے اس کا انگریزی ترجمے سے اس کا تقابل کیا ہے اور مجھے ایسا محسوس ہوا جیسے عسکری نے انتہائی محبت اور فنی مہارت سے یہ ترجمہ کیا ہو۔

اس حقیقت کے پیش نظر کہ یہ ترجمہ ساٹھ ستر سالوں سے ناپید تھا، میں نے اس کی اشاعت ثانی کا سوچا۔ یوں بھی محمد حسن عسکری کے لکھے ہر لفظ کو محفوظ

کرنے کی ضرورت ہے۔ آخر وہ بیسویں صدی کے اہم نقادوں اور افسانہ نگاروں میں شمار ہوتے تھے۔ مجھے خوشی ہے کہ میں عسکری کی ایک امانت اس کے قارئین کو لوٹا رہا ہوں۔

احمد سلیم

حوالے

1۔ عزیز ابن الحسن، محمد حسن عسکری۔۔ شخصیت اور فن، اکادمی ادبیات پاکستان، اسلام آباد، 2007،ص،91

2۔ ایضاً

3۔ محمد حسن عسکری، انسان اور آدمی، مکتبہ جدید، لاہور ,1953 ص،156

4۔ ایضاً،ص،128

5۔ ایضاً،ص، 130-131

6۔ عزیز ابن الحسن، محمد حسن عسکری۔۔ شخصیت اور فن،ص،92

7۔ ایضاً،ص،17

☆......☆......☆

دیباچہ

’’لکھنے کی خواہش کیوں پیدا ہوتی ہے؟‘‘ اس سوال کے دو جواب ہیں۔ ایک جواب تو میری ایک نامہ نگار نے فراہم کیا ہے جس کی عمر پندرہ سال کی ہے اور جو ایک مزدور کی بیٹی ہے۔ وہ اپنے خط میں لکھتی ہے:

’’میں صرف پندرہ سال کی ہوں لیکن اس کم عمری میں ہی لکھنے کی قوت میرے اندر پیدا ہوگئی ہے، اس کا سبب میری مفلسی اور مصیبت کی زندگی ہے۔‘‘

’’لکھنے کی قوت‘‘ کے بجائے یہ کہنا زیادہ صحیح ہوتا کہ اس کے اندر ’’لکھنے کی خواہش‘‘ پیدا ہو رہی ہے تا کہ وہ اپنی افلاس کی زندگی کو تخیل کے ذریعے سنوار سکے۔ یہاں ایک ثانوی سوال پیدا ہوتا ہے۔ ’’اگر آدمی کی زندگی افلاس اور مصیبت کی ہو تو وہ کس چیز کے بارے میں لکھ سکتا ہے؟‘‘

اس سوال کا جواب دولگا کی وادی، یورال اور سائبیریا کی قومی اقلیتوں نے

دیا ہے۔ ابھی تھوڑے دن پہلے تک ان میں سے کئی قوموں کے پاس تو کوئی ایسی زبان بھی نہیں تھی جو تحریر میں آ گئی ہو، لیکن زمانہ قدیم کے جنگلوں، دلدلوں، مشرقی صحراؤں اور شمالی میدانوں میں رہنے کے باوجود پچھلی بارہ صدیوں میں شروع سے لے کر آج تک یہ لوگ اپنی غربت اور افلاس کی تھکا دینے والی زندگی کو گیتوں، پریوں کی کہانیوں' بہادروں کی داستانوں اور دیوتاؤں کے قصوں سے زیب و زینت دیتے رہے ہیں۔

تخیل کی ان آخرالذکر تخلیقات کو عام طور پر ''مذہبی'' چیزیں کہا جاتا ہے، لیکن دراصل ہیں یہ بھی فن پارے' اگر میری اس پندرہ سالہ نامہ نگار کے اندر واقعی لکھنے کی صلاحیت موجود ہے۔۔ اور میری دل سے خواہش ہے کہ ہو۔۔ تو غالباً وہ ایسی چیزیں لکھے گی جنہیں رومانی کہا جاتا ہے، اور اپنی ''غربت زدہ تھکا دینے والی زندگی'' کو تخیل کے حسین افسانوں سے مالا مال کرنے کی کوشش کرے گی اور غالباً لوگوں کو اتنا اچھا دکھائے گی جتنے وہ حقیقت میں ہوتے نہیں۔ گوگول نے ''اوان اوانووچ اور اوان نکی فورچ آپس میں کیسے لڑے'' ''پرانے زمانے کے شریف لوگ'' اور ''مردہ رُوحیں'' جیسی چیزیں لکھی ہیں، لیکن اس کی ایک تصنیف ''تاراس بلبا'' بھی ہے۔ پہلی تین تصنیفوں میں تو اس نے لوگوں کے اندر ''مردہ رُوحیں'' دکھائی ہیں اور یہ ایک خوفناک حقیقت ہے۔ ایسے لوگ ہو گزرے ہیں اور آج بھی ہیں۔ ان کی تصویر کھینچتے ہوئے گوگول ایک حقیقت نگار کی حیثیت سے لکھ رہا تھا۔

''تاراس بلبا'' میں اس نے زاپوروژیے قزاقوں کو دیووں کی طرح

قوی اور خدا سے ڈرنے والے بہادروں کی شکل میں پیش کیا ہے جو آدمی کو اپنے نیزے کی نوک پر اُٹھا سکتے تھے اور اس بات کا خیال نہیں رکھا کہ نیزے کی لکڑی اتنا بوجھ برداشت نہیں کرسکتی اور فوراً ٹوٹ گئی ہوگی۔ دراصل اس قسم کے قزاق کبھی موجود نہیں تھے اور ان کے بارے میں گوگول کی کہانی، ایک حسین جھوٹ ہے۔ اس سلسلے کی دوسری کہانیوں اور ان کے علاوہ اور بہت سی کہانیوں کی طرح اس کہانی میں بھی گوگول رومانی تھا۔ اس کے رومانی ہو جانے کا سبب غالباً یہ تھا کہ وہ ''مردہ رُوحوں'' کی ''غربت زدہ اور تھکا دینے والی'' زندگی کا مشاہدہ کرتے کرتے اُکتا گیا تھا۔

لیکن جو کچھ میں کہہ رہا ہوں کیا اس کے معنی یہ ہیں کہ میں ادب میں رومانیت کا وجود لازمی ثابت کر رہا ہوں؟ ہاں میرا دعویٰ ہے کہ رومانیت کا پایا جانا لازمی ہے، لیکن شرط یہ ہے کہ ہم رومانیت میں ایک اور بڑا اضافہ کر لیں۔

میرے ایک روزنامہ نگار نے جو ستر سال کا ایک مزدور ہے، یہ بات میرے منہ پر کھینچ ماری ہے۔ میرے پاس تاثرات اتنے ہیں کہ مجھ سے لکھے بغیر رہا ہی نہیں جاتا۔ یہاں لکھنے کی خواہش کا منبع، مخرج زندگی کا غربت زدہ ہونا نہیں ہے بلکہ مالا مال ہونا، تاثرات کا فراواں ہونا ہے، جو اندر سے مجبور کرتے ہیں کہ ان کے بارے میں کسی سے باتیں کی جائیں۔ میرے نوجوان نامہ نگاروں میں بہت بڑی اکثریت ایسے لوگوں کی ہے جو ٹھیک اس وجہ سے لکھنا چاہتے ہیں کہ وہ تاثرات کی دولت سے مالا مال ہیں اور محسوس کرتے ہیں کہ جو کچھ انہوں نے دیکھا ہے اور جو

تجربے انہیں حاصل ہوئے ہیں ان کے بارے میں وہ خاموش نہیں رہ سکتے۔ ان لوگوں میں سے غالباً بہت سے حقیقت نگار مصنف نکلیں گے، لیکن میرا خیال ہے کہ ان کی حقیقت نگاری رومانیت کی تھوڑی بہت آمیزش سے خالی نہیں ہوگی، اور صحت مندانہ روحانی جوش اور ولولے کے زمانے میں جس کا ہمیں آج کل تجربہ ہو رہا ہے یہ بات بالکل ناگزیر ہے اور معقول بھی۔

چنانچہ اس سوال کے بارے میں کہ ''میں نے لکھنا کیوں شروع کیا'' میرا جواب یہ ہے۔ میں نے اس وجہ سے لکھنا شروع کیا کہ میرے اوپر ''غربت زدہ اور تھکا دینے والی زندگی'' کا دباؤ پڑ رہا تھا اور میرے پاس اتنے تاثرات تھے کہ میں لکھے بغیر نہیں رہ سکا۔ پہلی وجہ نے تو مجھے ''غربت زدہ اور تھکا دینے والی زندگی'' میں تخیل کی ایسی تخلیقات داخل کرنے پر مجبور کیا جیسے ''باز اور کانٹوں دار چوہا''، ''دلِ سوزاں کا افسانہ''، ''طوفانی چڑیا'' اور دوسری وجہ نے مجھے حقیقت پرستانہ رنگ کی کہانیاں لکھنے پر اُکسایا جیسے ''چھبیس آدمی اور ایک لڑکی'' اور ''لوف لوگ''۔

حقیقت درد مان کے اسی امتزاج سے ہی گورکی کا خمیر اٹھا تھا۔

میکسم گورکی ۱۸۶۹ء میں نزنینی نوگراڈ میں پیدا ہوا۔ اس کا باپ کون تھا؟ یہ گورکی خود بھی نہ بتا سکتا اگر اسے اس کی وادی نہ بتاتی۔ اس کے ذہن میں اپنے باپ کے متعلق کوئی بھی تصویر محفوظ نہ تھی، گورکی کو ورثے میں نہ تو باپ کی کوئی جائیداد ہی ملی نہ اس کا کوئی خط اور نہ ہی اس کی کوئی تصویر میسر آئی ان تمام چیزوں کے فقدان کے باوجود اس کے دماغ میں اپنے باپ کے دفنانے کا دن محفوظ تھا۔

اسے وہ دن اچھی طرح یاد تھا جب موسلا دھار بارش ہو رہی تھی، زمین تھل تھل کر رہی تھی۔ باغ کے ایک کونے میں مردے کا بکس پڑا ہوا تھا اور اس پر دو مینڈک ٹرا رہے تھے۔

اس سے زیادہ اسے اپنے باپ کے بارے میں کچھ بھی معلوم نہ تھا، وہ چار برس کا تھا جب اس کے والد کا انتقال ہوگیا اور اسے اپنی ماں کے ساتھ دادا کے گھر واپس آنا پڑا۔ اس کے دادا کے ظلموں کی داستان پورے استراخاں میں مشہور تھی بالآخر گورکی کو بھی انہی مظالم کی بھٹی میں جھلسنا پڑا اور شاید انہی مظالم نے اس میں قوت برداشت پیدا کردی اور تمام عمر یہی قوت برداشت اس کا طرہ امتیاز رہی ہے۔

ظلموں کی اس تاریکی میں اگر اس کے لیے کوئی چیز شمع حیات کا کام دے رہی تھی تو وہ اس کی دادی اماں کا پیار تھا، دادی کی شفقت نے ہی گورکی کو زندہ رکھا، اس میں لڑنے کی ہمت پیدا کی اور سب سے بڑھ کر انسانی سیرت میں اعتماد بخشا، بوڑھی عورت کی انہی بے پناہ بخششوں کا اظہار تھا جو میرے بچپن کے اوراق میں ظہور پذیر ہوا۔

اپنے گاؤں اور گھر کی گھٹی ہوئی فضا نے اس کے اندر آوارہ گردی کا جذبہ پیدا کیا، نیلے آسمان سے محبت اور کھردری دھرتی سے پیار کرنا سکھایا، ابھی گورکی بصد مشکل چھ سات برس کا ہوگا کہ اس کے گاؤں میں سے قیدیوں کا ایک قافلہ گزرا۔ یہ پابہ زنجیر تھا مگر کسی دوسرے شہر کو جا رہا تھا گورکی نے جب اس قافلے کو دیکھا تو اس کے اندر بھاگ نکلنے کا بے پناہ جذبہ پیدا ہوا۔ اسے یہ منظور

تھا کہ اسے پا بہ زنجیر کرلیا جائے مگر اسے اس گاؤں سے اس گھر سے کہیں دور جانے دیا جائے۔

آخر دس برس کی عمر میں گورکی نے اپنے گھر کو خیر باد کہا تقریباً دس سال تک یہ نوجوان روس کی سرحدوں پر گھومتا رہا تاکہ اسے دو نوالے روٹی مل جائے۔۔ روٹی تو اسے کسی نہ کسی طور میسر آتی رہی مگر چھت اسے کئی دفعہ میسر نہ آئی اور وہ کھردری زمین پر ہی لیٹے لیٹے نیلے آسمان کو پیار بھری نظروں سے دیکھتا حتیٰ کہ اس کی آنکھوں میں چمک اور بدن میں گرمی پیدا ہو جاتی۔

آوارہ گردی کے ان دس سالوں میں اسے روٹی کے لیے ذلیل سے ذلیل مشقت سے آشنا ہونا پڑا۔ پہلے اس نے ایک کفش دوز کی شاگردی اختیار کی۔ اس کے بعد ایک دخانی کشتی میں کھانے کھلانے پر ملازم ہوا۔ یہاں اس کی ملاقات ایک بوڑھے سپاہی سے ہوئی، اس نے گورکی کو لکھنا پڑھنا سکھایا، مدتوں گورکی بہادری اور رومان کی داستانوں میں کھویا رہا۔ دراصل ان داستانوں نے اسے نڈر اور عالی ہمت بنا دیا، ان قصوں نے اسے صرف مصائب کو برداشت کرنا ہی نہیں سکھایا بلکہ ان کے خلاف لڑنا بھی سکھایا۔

پندرہ برس کی عمر میں اس نے قازان یونیورسٹی میں داخلے کی کوشش کی۔ وہ کہا کرتا تھا:

''اگر کوئی میرے سامنے یہ تجویز رکھتا کہ جاؤ تمہیں تعلیم مِل سکتی ہے بشرطیکہ تم ہر ہفتے چوک میں درّے کھانے کے لیے تیار ہو۔''

میں بصد خوشی اس تجویز کو مان لیتا لیکن اتنی زبردست خواہش کے باوجود

اسے قازان کی درسگاہ میں داخل ہونے کا موقع نہیں ملا بلکہ اسے بھوک سے بچنے کے لیے بسکٹوں کی فیکٹری میں نوکر ہونا پڑا۔

گورکی کی آوارہ گردی طفلس میں آ کر رُک گئی۔ یہاں وہ ریلوے ورکشاپ میں ملازم ہوگیا۔ گو زندگی کی یک رنگی نے اس کا پیچھا یہاں بھی نہ چھوڑا لیکن پھر بھی مقابلتاً نوجوان گورکی کی زندگی میں یہ خوشی کا زمانہ تھا اسے یہاں انقلابی گروہ سے واسطہ پڑ گیا تھا، گورکی ان سے مل کر مزدوروں کو منظّم کرتا رہا۔ یہاں اس کی ملاقات کولزینی سے ہوئی اور اسی ملاقات نے اس کے اندر ایک نئے گورکی کو جنم دیا۔

کولزینی ایک انقلابی تھا۔ وہ چھ برس سائبیریا کے چٹیل میدانوں میں قید و بند کی صعوبتیں اٹھا آیا تھا، اسے انسانوں کی سرشت سمجھنے اور پرکھنے کا تجربہ تھا، وہ اپنے ملاقاتیوں کی خوابیدہ صلاحیتوں کو بھی پہنچانے کا ماہر ہوگیا لوگوں میں کام کرنے سے اس میں یہ خوبیاں پیدا ہوگئی تھیں۔

گورکی بھی اس کا دوست بن گیا تھا، گورکی اپنے آوارہ گردی کے قصے مزے لے لے کر اسے سناتا۔ کالزینی خاموشی سے سنتا رہتا، بالآخر اس نے قلم اٹھا کر گورکی کے ہاتھ میں پکڑا دیا اور اسے لکھنے کو کہا۔

مگر گورکی جب لکھنے بیٹھا تو آوارہ گردی کے تمام تجربات کھردری زمین اور نیلا آسمان اس کی آنکھوں سے ہٹ گئے اور وہ خواب و خیال کی دنیا میں کھوگیا لیکن گورکی زیادہ دیر ان سپنوں میں نہیں کھویا رہ سکتا تھا کیونکہ اس نے زندگی کو قریب سے دیکھا تھا، بلکہ اسے مس کیا تھا، زندگی کی ٹھوس حقیقتوں نے اس کے سپنے کو چور

چور کردیا اور وہ پھر قلم سنبھال کر بیٹھ گیا اور بیسار بیا کے زمانہ آوارہ گردی کا ایک قصہ سپرد قلم کردیا۔ کالزینی نے قصے کو سنبھالا اور طفلس کے مشہور اخبار کاوکس کے دفتر میں جادھمکا، ایڈیٹر کو کہانی نے متاثر کیا مگر مسودے پر مصنف کے دستخط نہ تھے آخر گورکی نے وہیں پہلی بار اپنے کو میکسم گورکی لکھا حالانکہ اس کا نام یہ نہ تھا۔ اس طرح سے مستقبل کے عظیم المرتبت گورکی نے جنم لیا۔

گورکی اور سیاست!

۱۸۶۱ء میں کسانوں کی بغاوت کے خوف سے زار نے جاگیردارانہ غلامی کے قانون کو منسوخ کردیا، اس سے زمینداروں کے جبروتشدد میں فرق تو نہ آیا مگر طور طریقے ضرور بدل گئے بہرحال ملک ایک زبردست تبدیلی کے دہانے پر کھڑا ہوگیا۔ مایوسی، ناامیدی کے خرمن میں امیدوں کے دیئے جگمگانے لگے، یہی وجہ ہے کہ ۱۸۸۰ء کے بعد ٹربینیفٹ کے کردار جو خودکشی کی طرف راغب ہوں بہت کم ملتے ہیں، اس سے آگے کا ادب ایک امیر اور مثبت عقائد کا ادب ہے اور اس کی نمائندگی گورکی اور چیخوف کرتے ہیں۔

چیخوف نے حقیقت پسندی کی ابتدا کی مگر وہ اس حقیقت پسندی کو انقلابی طاقتوں کے ابھار سے نہ ملا سکا، اس کام کو گورکی نے سرانجام دیا۔ اس نے اپنے قلم کو مزدور طبقہ کی حمایت میں اٹھایا اور تمام عمر اس کا قلم یہی کام کرتا رہا۔

۹ جنوری ۱۹۰۵ کو جب پیٹرز برگ کے دو لاکھ انسان زار کے محل کے سامنے جمع ہوئے تھے اور وہ چلا رہے تھے۔

''اے زار! ہم پیٹرز برگ کے محنت کش مرد وزن اور ان کے بال بچے تمہارے پاس سچائی اور پناہ کے لیے آئے ہیں۔ یہ مصائب ہم اور زیادہ دیر برداشت نہیں کر سکتے۔ ہمارے صبر کا جام لبریز ہو چکا۔ وہ وقت آ پہنچا ہے جب ہم ان مصائب پر موت کو لبیک کہیں گے۔''

ان دو لاکھ انسانوں میں گورکی بھی تھا، اس نے گولی چلتے اپنی آنکھوں سے دیکھی، اس نے پیٹرز برگ کی راہوں کو مزدوروں کے خون سے سرخ ہوتے دیکھا لیکن اس نے دوسری طرف عوام کی کانا پھوسی بھی سنی، لوگ افسروں کو کہہ رہے تھے۔

''تم سمجھتے ہو کہ تم عوام کو مار بھگاؤ گے، عوام نہیں مر سکتے، تم اصل میں زار کو قتل کر رہے ہو!''

گورکی گھر آیا اور اس نے تمام روسیوں اور پوری دنیا کے مہذب انسانوں کے نام اپیل لکھی، مگر وہ اپیل پولیس کے ہاتھ آ گئی اور آج انسانی ادب اس شہ پارے سے محروم ہے۔ گورکی گرفتار کر لیا گیا۔ اس کو پیٹر اور پال کے خونی قلعے میں مقید کر دیا گیا۔ اس کو قلم اور دوات کی صحبت سے بھی محروم کر دیا گیا۔

مگر اس دفعہ گورکی نووگراو کا باشندہ نہ تھا، وہ صرف روس کا بھی باشندہ نہ تھا، بلکہ پوری دنیا کو اس نے اپنے قلم سے مسخر کر لیا تھا، اسی لیے گورکی کی گرفتاری نے پوری دنیا کو ورطہء حیرت میں ڈال دیا، تمام ادیب اور مفکر بیک آواز اس کی

رہائی کا مطالبہ کر رہے تھے۔

اناطول فرانس نے پیرس میں کھڑے ہو کر کہا تھا۔

''گورکی صرف روس کی ملکیت نہیں بلکہ وہ تمام دنیا کا ہے۔''

گورکی کی رہائی کے لیے تمام دنیا کے اہل علم و فن نے آواز بلند کی تھی اور آخر زار شاہی کو جھکنا پڑا اور گورکی کو رہا کر دیا گیا۔

۱۹۰۵ء کے آخر میں انقلاب کی چنگاریاں شعلوں میں تبدیل ہو رہی تھیں، ماسکو کے مزدوروں کی ہڑتال کو دبا دیا گیا مگر انقلاب کے طوفان کو روکنا زار شاہی کے بس کا روگ نہیں تھا۔

میکسم گورکی نے روسی مزدوروں سے ۱۹۰۵ء کے انقلاب کے لیے اپیل کی۔ یہ ٹائپ شدہ خط لاکھوں اور کروڑوں کی تعداد میں روس کے اطراف و اکناف میں تقسیم ہوا۔

پرولتاری کو ہزیمت ضرور اٹھانی پڑی ہے مگر وہ تباہ نہیں ہوا، انقلاب کی آندھیاں تیز سے تیز تر ہو گئی ہیں، انقلابیوں کی صفوں میں نئی طاقتیں دھڑا دھڑ شریک ہو رہی ہیں۔

روسی پرولتاری فاتحانہ انداز میں آگے بڑھ رہا ہے کیونکہ یہی ایک طبقہ ہے جو اخلاقی طور پر تندرست، ذہنی طور پر باشعور ہے اور اسے اپنے اور روس کے مستقبل پر پورا پورا اعتماد ہے۔

میں اعلائے کلمتہ الحق کر رہا ہوں اور مستقبل کا مورخ میری اس سچائی کی شہادت دے گا۔

گورکی ۱۹۰۵ء کے بعد امریکہ چلا گیا، لیکن اس کی سرگرمیاں وہاں بھی جاری رہیں، اسے ایک لمحہ کے لیے بھی ادب اور پراپے گنڈا کا فرق محسوس نہیں ہوا، اس وقت گورکی پورے یورپ اور امریکہ سے اپنی ادبی ذہانت کا سکہ منوا چکا تھا۔ مگر اسے اس کے باوجود چوک اور چوراہوں میں مجمعے کے سامنے تقریر کرتے ہوئے ذرا بھی ہچکچاہٹ محسوس نہیں ہوئی، اس کا ادب ہمیشہ پراپیگنڈا ہی رہا اور اسے اسی پراپیگنڈا پر ناز تھا، مگر لوگوں نے اسے ادیب ہی مانا۔

۱۹۰۵ء کے بعد روسی ادب، مایوسی اور ناامیدی کی اتھاہ گہرائیوں میں گر گیا تھا، انقلاب ناکام ہو چکا تھا، انسان کا مستقبل مایوس کن نظر آ رہا تھا، ۱۹۰۷ء سے ۱۹۱۷ء تک کی دہائی کو خود گورکی بے روح زمانے کے نام سے یاد کرتا ہے۔

اس وقت بھی اہل علم کا ایک طبقہ آفاقی مسائل کے متعلق سوچ رہا تھا، دنیا والوں سے اسے نفرت ہو رہی تھی، عقیدے اور مقصد سے انہیں چڑ ہو گئی تھی۔ چنانچہ اسی زمانے میں ایک روسی ادیب نے کہا تھا:

> ''میں نے ہر اس چیز کو نذر آتش کر دیا ہے جس کی میں پرستش کرتا تھا اور اب میں ہر اس چیز کی پرستش کرتا ہوں جو جل کر راکھ ہو گئی ہے۔''

اس پوری دہائی میں رجعت پسند ادیبوں کا طوطی بولتا رہا۔ فرار پسندوں کی بن آئی، اور روسی ادب تصوف و مذہب کی گتھیوں میں الجھ کر رہ گیا تھا۔ مگر اس زمانے میں بھی گورکی کو اپنے عوام پر پورا اعتماد رہا، اسے ان کی بے پناہ قوتوں کا پورا

یقین تھا، اسی لیے اس کو ادبی ہزیمت نہیں اٹھانی پڑی، اسی زمانے میں اس نے ''ماں'' جیسے شہکار کو جنم دیا۔

۱۹۰۷ء میں روسی سوشل ڈیموکریٹک پارٹی کی پانچویں کانگریس لندن میں ایک بیوہ کے تاریک مکان میں منعقد ہوئی۔ لینن نے گورکی کو بھی مدعو کیا یہاں پہلی دفعہ وہ عظیم المرتبت شخصیتوں کی آپس میں ملاقات ہوئی۔

چنانچہ اس پہلی ملاقات کا ذکر کرتے ہوئے گورکی لکھتا ہے:

''آخر لینن بڑے بڑے ڈگ بھرتا ہوا پلیٹ فارم پر پہنچا اور اس نے اپنے بھاری آواز میں کامریڈ کہا، شروع میں مجھے اس کا لہجہ اچھا نہ معلوم ہوا اور ایسا معلوم ہوتا تھا جیسے وہ مجھے بالکل متاثر نہیں کرے گا لیکن ابھی چند لمحے ہی گزرے تھے کہ میں دوسرے سننے والوں کی طرح مبہوت اسے دیکھ رہا تھا، میں نے زندگی میں پہلی دفعہ کسی مقرر کو ایسے اہم مسائل پر ایسے سادے انداز میں تقریر کرتے دیکھا تھا لیکن لینن تھا کہ جو خوبصورت الفاظ ڈھونڈنے میں وقت ضائع نہیں کرتا تھا بلکہ وہ سادے اور مختصر الفاظ میں اپنا پورا مافی الضمیر سننے والے کے ذہن نشین کرا رہا تھا۔''

گورکی ۱۹۱۳ء میں روس واپس لوٹا مگر جنگ کے شروع ہونے کے کچھ دن بعد وہ پھر پردیس چلا گیا اس کے بعد وہ خانہ جنگی کے دوران میں روس آیا۔

۱۹۲۱ء میں گورکی کی صحت خراب ہوگئی اور لینن کے ارادے سے وہ اٹلی

چلا گیا۔مگر سوویت یونین سے پوری عقیدت مندی کا اظہار وہ کرتا رہا۔

۱۹۲۸ء میں وہ اپنی ساٹھویں سالگرہ کے موقع پر واپس روس آیا، پورا ملک اس ادیب اور انقلابی کو دیکھنے کے لیے اُمڈ آیا۔

۱۹۳۲ء میں سوویت یونین میں گورکی کی ادبی زندگی کی چالیسویں سالگرہ منائی گئی۔کمیونسٹ پارٹی کی مرکزی کمیٹی میں ایک پیام کے دوران میں کہا تھا۔

''میکسم گورکی سوویت یونین کے ہر باشندے کو اپنی جان سے بھی عزیز ہے، باہر کے محنت کش بھی اس انقلابی ادیب کو عزت و احترام سے دیکھتے ہیں ۔میکسم گورکی ایک ادیب اور انقلابی کی حیثیت سے ہمیشہ زندہ رہے گا۔''

گورکی آخر دم تک سوویت کی کلچری اور تہذیبی زندگی کی راہنمائی کرتا رہا۔وہ ایک لمحے کے لیے بھی نچلا نہیں بیٹھا۔

گورکی اپنی زندگی کے آخری سال میں کہا کرتا تھا۔

''مجھے چار اور کتابیں لکھنی چاہئیں ہر دو سال میں ایک کتاب ضرور ختم ہو جانی چاہیے۔اس طرح سے مجھے فقط آٹھ سال درکار ہیں۔''

جون ۱۹۳۶ء میں گورکی کی طبیعت یکدم بگڑ گئی اس کا سانس اکھڑ گیا، وہ بہت مشکل سے اٹھ کر چارپائی پر بیٹھ سکتا تھا، مگر اس حالت میں بھی وہ ستالن آئین (سوویت یونین کا نیا آئین) پر بحث کرتا، اخباروں کے تراشوں کو پڑھواتا۔

اسے اس بیماری نے موت کی آگاہی دے دی تھی۔ ۱۸ جون کو وہ بالکل
بے ہوش ہو گیا تھا مگر بے ہوشی کے عالم میں بھی جو اس کی زبان پر تھا:

''جنگ کے بادل اُمڈ رہے ہیں، اس طوفان کے لیے ہمیں تیار ہونا
چاہیے۔'' وہ ۱۹ جون کو چل بسا۔

مالوتوف نے کہا تھا:

''لینن کے بعد آج ہم نے دوسرا ہمدرد کھو دیا ہے۔ یہ سوویت یونین کا ہی
نہیں بلکہ پوری انسانیت کا نا قابلِ تلافی نقصان ہے۔''

عبداللہ ملک

چابک سواراں سٹریٹ، لاہور

☆ ...... ☆ ...... ☆

باب اوّل

اپنی ادیبانہ زندگی کے بارے میں

(۱)

میں نے لکھنا کس طرح سیکھا

۱۹۲۸ء

بحیثیت ایک فرد کے انسان کی تاریخ اتنی دلچسپ اور بامعنی نہیں ہے جتنی انسانی جدوجہد اور کشمکش کی تاریخ۔ آدمی زیادہ سے زیادہ جیئے تو سو سال لیکن ان کا کام صدیوں زندہ رہتا ہے۔ سائنس کے ہوشرُبا کارناموں اور اتنی تیزی سے ترقی کرنے کا اصلی سبب یہ ہے کہ سائنس دان اپنی خصوصیت اور اس کی تاریخ سے واقف ہیں، سائنس اور ادب میں بہت سی باتیں ملتی جلتی ہیں، دونوں میں مشاہدہ، مقابلہ اور مطالعہ بنیادی اہمیت رکھتے ہیں۔ سائنس دان کی طرح فن کار کو بھی تخیل اور وجدان دونوں کی ضرورت ہوتی ہے۔ بیچ کی کڑیوں کے ابھی دریافت نہ ہونے کی وجہ سے حقائق کی زنجیر میں بہت سی جگہیں خالی رہ جاتی ہیں ان خلاؤں کو تخیل اور وجدان پُر کرتے ہیں اور سائنس دان کو اس قابل بناتے ہیں کہ وہ مفروضوں اور نظریوں کی تخلیق کر سکے جو فطرت کے مظاہر اور اس کی قوتوں کے مطالعے میں انسانی

دماغ کی کم و بیش صحیح اور کامیاب رہنمائی کرتے ہیں اور اس طرح آہستہ آہستہ مظاہرِ فطرت انسانی ارادے کے غلام بنتے جاتے ہیں اور کلچر کی تشکیل ہوتی ہے۔۔۔۔ کلچر یعنی وہ ''فطرتِ ثانیہ'' جو بالکل ہماری چیز ہے اور جسے ہماری قوتِ ارادی اور ذہانت نے تخلیق کیا ہے۔

ادبی تخلیق کا فن یعنی کردار اور نمونے تخلیق کرنے کا فن ایک تو تخیل چاہتا ہے، دوسرے وجدان اور تیسرے اپنے دماغ میں چیزیں گھڑنے کی صلاحیت، جب ادیب اپنی جان پہچان کے کسی دکاندار، سرکاری ملازم یا مزدور کا بیان کرتا ہے تو وہ صرف ایک فرد کی کم و بیش کامیاب شبیہہ پیش کرتا ہے، لیکن یہ شبیہہ صرف ایک فوٹو کی تصویر ہے جس میں سماجی اعتبار سے کوئی تعلیمی معنویت نہیں ہے، اور زندگی یا انسانوں کے متعلق ہماری واقفیت میں اس سے نہ تو کوئی گہرائی آئے گی نہ وسعت۔

لیکن اگر کوئی مصنف بیس یا پچاس یا سو دکانداروں، سرکاری ملازموں یا مزدوروں سے وہ خاص عادتیں، حرکتیں، عقیدے، دستور، خصلتیں اور دوسری باتیں جو بحیثیت ایک طبقے کے ان سے مخصوص ہیں، اخذ کرسکتا ہے اور ان باتوں کو ایک دکاندار ایک سرکاری ملازم یا ایک مزدور کی شکل میں زندہ کرسکتا ہے تو وہ ایک نمونے کی تخلیق کر رہا ہے اور اس کا کام ایک فن پارہ ہوگا۔ مشاہدے کی گہرائی اور زندگی کے تجربے کی فراوانی سے اکثر مصنف کو یہ طاقت حاصل ہوجاتی ہے کہ وہ حقائق کے بارے میں اپنے ذاتی اور داخلی رویّے سے بلند ہوجائے۔ داخلی طور پر بالزاک بورژوا نظام کا حلقہ بگوش تھا، لیکن اپنے ناولوں میں اس نے متوسط طبقے کی ذلالت اور چھچھورا پن بڑی زبردست اور بے رحمانہ صفائی سے دکھایا ہے۔ ایسے مصنفوں کی

مثالیں کثرت سے ملتی ہیں جنہوں نے اپنے زمانے اور اپنے طبقے کی تاریخ بغیر کسی تعصب کے لکھی۔ ان مثالوں میں مصنف کا کام اس سائنس دان کے کام سے کچھ کم گراں قدر نہیں ہے جو جانوروں کی غذا، ان کی زندگی کے طور طریقوں، ان کی کثرت یا ان کے مٹ جانے کے اسباب کا مطالعہ کرتا ہے اور ان کی شدید کشمکش حیات کی تصویر کھینچتا ہے۔

کشمکشِ حیات میں تحفظِ ذات کی جبلت نے انسان کے اندر دو زبردست تخلیقی قوتیں پیدا کی ہیں۔ یہ دو قوتیں علم اور تخیل ہیں۔ پہلی چیز تو فطری مظاہر اور سماجی زندگی کے مظاہر کا مشاہدہ، مقابلہ اور تشریح کرنے کی صلاحیت ہے، دوسرے الفاظ میں علم سوچنے کی صلاحیت کا نام ہے۔ حقیقتاً تخیل بھی سوچنا ہی ہے۔ یہ دنیا کے بارے میں سوچنا ہے لیکن ذہنی تصویروں کے ذریعے سے سوچنا، یا فن کارانہ ہیئت کی شکل میں سوچنا۔ یہ بھی کہہ سکتے ہیں کہ تخیل وہ صلاحیت ہے جو خود رو مظاہرِ فطرت کو انسانی خصائص، انسانی جذبات بلکہ انسانی ارادوں سے متصف کرتی ہے۔

ہم اکثر پڑھتے یا سنتے ہیں کہ ''ہوا آہیں بھر رہی ہے'' یا ''چاند افسردگی سے چمک رہا ہے'' یا ''دریا سرگوشیوں میں کوئی پرانی داستان سنا رہا ہے''، ''جنگل نے چتون پر بل ڈال لیے''۔ ''پانی نے پتھر کو سرکانے کی کوشش کی''، ''حملے نے پتھر کو لرزا دیا لیکن وہ سرکا نہیں''، ''کرسی بطخ کی طرح قیاؤں قیاؤں کرنے لگی''، ''جوتے نے اترنے سے انکار کر دیا'' ہم کہتے ہیں کہ ''کھڑکی کے شیشوں کو پسینہ آ رہا تھا'' حالانکہ شیشے میں پسینے والے غدود ہوتے ہی نہیں۔

اس طرح مظاہر فطرت آسانی سے سمجھ میں آ جاتے ہیں اور اس چیز کو anthropomorphism (انسانی شکل سے متصف کرنا) کہتے ہیں۔

یہ لفظ دو یونانی لفظوں سے مل کر بنا ہے۔ anthropos یعنی آدمی اور morphe یعنی شکل، اس سے ہمیں معلوم ہوتا ہے کہ انسان اپنے چاروں طرف جو کچھ دیکھتا ہے اسے اپنی انسانی صفات بخش دیتا ہے، وہ یہی صفات ہر چیز میں دیکھتا ہے اور انہیں ہر چیز میں داخل کرلیتا ہے۔ سارے مظاہرِ فطرت میں بھی اور ان تمام چیزوں میں بھی جو اس نے اپنی محنت اور عقل سے بنائی ہیں۔ بہت سے لوگوں کے منہ سے بھی نکل جاتا ہے کہ ''جاڑے نے تو میرے کان کاٹ لیے۔'' سورج مسکرایا''مئی کا مہینہ آ گیا''۔ یہ لوگ کہتے ہیں کہ ''بارش آ گئی'' حالانکہ بارش کے پیر نہیں ہوتے، یا پھر کہتے ہیں کہ ''موسم بڑا بے ہودہ ہے'' حالانکہ مظاہر فطرت پر ہماری اخلاقی رائیں عائد نہیں ہوسکتیں۔

ادب کے بنیادی رجحانات رومانیت اور حقیقت نگاری ہیں۔ بغیر کسی رنگ و روغن کے آدمیوں اور ان کی زندگی کا سچا سچا بیان حقیقت نگاری کہلاتا ہے۔ رومانیت کی کئی طرح تعریف کی گئی ہے، لیکن کوئی ایسی صحیح اور قابل اطمینان تعریف نہیں ملتی جس پر ادب کے سارے مؤرخین متفق ہوں۔ رومانی اسکول کے اندر بھی دو بہت مختلف رجحانات ہیں۔ ایک تو ہے انفعال رومانیت جو یا تو یہ کوشش کرتی ہے کہ حقیقت پر ایسا رنگ چڑھایا جائے کہ لوگ اس سے مطمئن ہوجائیں یا پھر لوگوں کی توجہ حقیقت کی طرف سے ہٹانے کی کوشش کرتی ہے اور انہیں لبھاتی ہے کہ وہ اپنی داخلی دنیا میں یا محبت اور موت اور ''زندگی کے ہولناک معمے'' کے خیالات میں بے کار الجھے رہیں۔ ایسے مسئلوں سے جھگڑتے رہیں جو تفکر اور خیال آرائی سے کبھی حل نہیں ہوسکتے بلکہ صرف سائنس کی تحقیقات سے۔ اس کے برخلاف عملی رومانیت انسان کی خواہشِ حیات کو تقویت دیتی ہے اور اسے حقیقت کے مظالم کے خلاف

بغاوت پر اُبھارتی ہے۔

لیکن بالزاک، تورگینیف، ٹالسٹائے، گوگول، لسکوف، چیخوف جیسے بڑے ادیبوں کے بارے میں پوری صحت کے ساتھ بتانا مشکل ہے کہ وہ رومانی ہیں یا حقیقت نگار۔ بڑے مصنفوں میں رومانیت اور حقیقت نگاری ہمیشہ ایک دوسرے میں گھل مل جاتی ہیں۔ بالزاک حقیقت نگار ہے لیکن اس نے ایک ناول Lu Pean de chagrin بھی لکھا ہے جو حقیقت نگاری سے کوسوں دور ہے۔ تورگینیف نے بھی بعض چیزیں رومانی رنگ میں لکھی ہیں اور اسی طرح گوگول سے لے کر چیخوف اور بونن تک دوسرے مشہور روسی مصنفوں نے بھی۔ حقیقت نگاری اور رومانیت کا یہ میل خاص طور پر ہمارے بڑے مصنفوں کی خصوصیت ہے۔ اسی چیز نے ہمارے ادب میں وہ نیا پن اور وہ قوت پیدا کی ہے جس کا اثر دنیا بھر کے ادب پر پڑا ہے اور یہ اثر روز بروز نمایاں اور گہرا ہوتا جا رہا ہے۔ ساتھیو، رومانیت اور حقیقت نگاری کا درمیانی رشتہ اور اچھی طرح تمہاری سمجھ میں آ جائے گا اگر تم اس سوال پر غور کرو کہ ''لکھنے کی خواہش کیوں پیدا ہوتی ہے؟'' اس سوال کے دو جواب ہیں۔ ایک جواب تو میری ایک نامہ نگار نے فراہم کیا ہے جس کی عمر پندرہ سال کی ہے، اور جو ایک مزدور کی بیٹی ہے، وہ اپنے خط میں لکھتی ہے :

''میں صرف پندرہ سال کی ہوں، لیکن اس کم عمری میں ہی لکھنے کی قوت میرے اندر پیدا ہو گئی ہے، اس کا سبب میری مفلسی اور مصیبت کی زندگی ہے۔''

''لکھنے کی قوت'' کے بجائے یہ کہنا زیادہ صحیح ہوتا کہ اس کے اندر ''لکھنے کی خواہش'' پیدا ہو رہی ہے تا کہ وہ اپنی افلاس کی زندگی کو تخیل کے ذریعے سنوار سکے۔

یہاں ایک ثانوی سوال پیدا ہوتا ہے۔ ''اگر آدمی کی زندگی افلاس اور مصیبت کی ہوتو وہ کس چیز کے بارے میں لکھ سکتا ہے؟''

اس سوال کا جوب دولگا کی وادی، یورال اور سائبیریا کی قومی اقلیتوں نے دیا ہے۔ ابھی تھوڑے دن پہلے تک ان میں سے کئی قوموں کے پاس تو کوئی ایسی زبان بھی نہیں تھی جو تحریر میں آسکتی ہو، لیکن زمانہ قدیم کے جنگلوں، دلدلوں، مشرقی صحراؤں اور شمالی میدانوں میں رہنے کے باوجود پچھلی بارہ صدیوں میں شروع سے لے کر آج تک یہ لوگ اپنی غربت اور افلاس کی تھکا دینے والی زندگی کو گیتوں، پریوں کی کہانیوں، بہادروں کی داستانوں اور دیوتاؤں کے قصوں سے زیب وزینت دیتے رہے ہیں۔ تخیل کی ان آخرالذکر تخلیقات کو عام طور پر ''مذہبی چیزیں'' کہا جاتا ہے لیکن دراصل ہیں یہ بھی فن پارے۔

اگر میری اس پندرہ سالہ نامہ نگار کے اندر واقعی لکھنے کی صلاحیت موجود ہے۔۔۔اور میری دل سے خواہش ہے کہ ہو......تو غالباً وہ ایسی چیزیں لکھے گی جنہیں رومانی کہا جاتا ہے اور اپنی غربت زدہ تھکا دینے والی زندگی کو تخیل کے حسین افسانوں سے مالا مال کرنے کی کوشش کرے گی اور غالباً لوگوں کو اتنا اچھا دکھائے گی جتنے وہ حقیقت میں ہوتے نہیں۔ گوگول نے 'اوان اوانوچ اور اوان نکی فوروچ آپس میں کیسے لڑے''، ''پرانے زمانے کے شریف لوگ'' اور ''مردہ روحیں''، جیسی چیزیں لکھی ہیں، لیکن اس کی ایک تصنیف ''تاراس بلبا'' بھی ہے۔ پہلی تین تصنیفوں میں تو اس نے لوگوں کے اندر ''مردہ رُوحیں'' دکھائی ہیں اور یہ ایک خوفناک حقیقت ہے۔ ایسے لوگ ہو گزرے ہیں اور آج بھی ہیں۔ ان کی تصویر کھینچتے ہوئے گوگول ایک حقیقت نگار کی حیثیت سے لکھ رہا تھا۔

''تاراس بلبا'' میں اس نے زاپوروژیے قزاقوں کو دیووں کی طرح قوی اور خدا سے ڈرنے والے بہادروں کی شکل میں پیش کیا ہے جو آدمی کو اپنے نیزے کی نوک پر اٹھا سکتے تھے اور اس بات کا خیال نہیں رکھا کہ نیزے کی لکڑی اتنا بوجھ نہیں برداشت کر سکتی اور فوراً ٹوٹ گئی ہوگی۔ دراصل اس قسم کے قزاق کبھی موجود نہیں تھے اور ان کے بارے میں گوگول کی کہانی ایک حسین جھوٹ ہے۔ اس سلسلے کی دوسری کہانیوں اور ان کے علاوہ اور بہت سی کہانیوں کی طرح اس کہانی میں بھی گوگول رومانی تھا۔ اس کے رومانی ہو جانے کا سبب غالباً یہ تھا کہ وہ ''مردہ رُوحوں'' کی غربت زدہ اور تھکا دینے والی زندگی کا مشاہدہ کرتے کرتے اُکتا گیا تھا۔

لیکن جو کچھ میں کہہ رہا ہوں کیا اس کے معنی یہ ہیں کہ میں ادب میں رومانیت کا وجود لازمی ثابت کر رہا ہوں؟ ہاں میرا دعویٰ ہے کہ رومانیت کا پیدا ہو جانا لازمی ہے، لیکن شرط یہ ہے کہ ہم رومانیت میں ایک اور بڑا اضافہ کر لیں۔

میرے ایک اور نامہ نگار نے جو ستر سال کا ایک مزدور ہے، یہ بات میرے منہ پر کھینچ ماری ہے۔ میرے پاس تاثرات اتنے ہیں کہ مجھ سے لکھے بغیر رہا ہی نہیں جاتا۔

یہاں لکھنے کی خواہش کا منبع و مخرج زندگی کا غربت زدہ ہونا نہیں ہے بلکہ مالا مال ہونا، تاثرات کا فراواں ہونا ہے جو اندر سے مجبور کرتے ہیں کہ ان کے بارے میں کسی سے باتیں کی جائیں۔ میرے نوجوان نامہ نگاروں میں بہت بڑی اکثریت ایسے لوگوں کی ہے جو ٹھیک اس وجہ سے لکھنا چاہتے ہیں کہ وہ تاثرات کی دولت سے مالا مال ہیں اور محسوس کرتے ہیں کہ جو کچھ انہوں نے دیکھا ہے اور جو جو تجربے انہیں حاصل ہوئے ہیں ان کے بارے میں وہ خاموش نہیں رہ سکتے۔ ان

لوگوں میں سے غالباً بہت سے حقیقت نگار مصنف نکلیں گے لیکن میرا خیال ہے کہ ان کی حقیقت نگاری، رومانیت کی تھوڑی بہت آمیزش سے خالی نہیں ہوگی اور صحت مندانہ روحانی جوش اور ولولے کے زمانے میں جس کا ہمیں آج کل تجربہ ہو رہا ہے، یہ بات بالکل ناگزیر ہے اور معقول بھی۔

چنانچہ اس سوال کے بارے میں کہ ''میں نے لکھنا کیوں شروع کیا؟'' میرا جواب یہ ہے۔ میں نے اس وجہ سے لکھنا شروع کیا کہ میرے اوپر غربت زدہ اور تھکا دینے والی زندگی کا دباؤ پڑ رہا تھا اور میرے پاس اتنے تاثرات تھے کہ میں لکھے بغیر نہیں رہ سکا۔ پہلی وجہ نے تو مجھے غربت زدہ اور تھکا دینے والی زندگی میں تخیل کی ایسی تخلیقات داخل کرنے پر مجبور کیا جیسے ''باز اور کانٹوں دار چوہا''، ''دل سوزاں کا افسانہ''، ''طوفانی چڑیا'' اور دوسری وجہ نے مجھے حقیقت پرستانہ رنگ کی کہانیاں لکھنے پر اُکسایا جیسے ''چھبیس آدمی اور ایک لڑکی'' اور ''لوف لوگ''۔

اوپر جو کچھ کہا گیا اس سے یہ بات یقینی ہو جاتی ہے کہ ہمارے ادب میں ابھی وہ رومانیت نہیں پیدا ہوئی جو حقیقت کے متعلق ایک تخلیقی رویہ کی تلقین کرتی ہے جو محنت کے گن گاتی ہے اور زندہ رہنے کی خواہش کو ابھارتی ہے اور زندگی کی نئی شکلوں کی تعمیر سکھاتی ہے جو اس پرانی دنیا کے خلاف نفرت پھیلاتی ہے جس کے مذموم ورثے پر غالب آنے کے لیے ہم اتنی مشکلوں اور مصیبتوں کے ساتھ جدوجہد کر رہے ہیں۔

مجھے یاد نہیں کہ میں نے اپنی جوانی میں کبھی زندگی کے بارے میں شکایت کی ہو۔ جن لوگوں کے درمیان میں نے اپنی زندگی شروع کی۔ وہ بہت شکوے شکایتیں کیا کرتے تھے لیکن میں نے دیکھا کہ وہ چالاکی سے ایسا کرتے تھے۔ وہ

ایک دوسرے کی مدد کرنے کو تیار نہیں تھے اور ان کا خیال تھا کہ گلے شکووں سے یہ نارضامندی چھپ جائے گی۔ اس لیے میں نے پوری کوشش کی کہ میں ان لوگوں کی سی حرکت نہ کروں۔ بعد میں بڑی جلدی میں نے یہ سمجھ لیا کہ جو لوگ سب سے زیادہ شکایتیں کرتے تھے ان میں مدافعت کی طاقت بالکل نہیں تھی یا تو وہ کام کر نہیں سکتے تھے یا کرنا نہیں چاہتے تھے اور عام طور پر انہیں یہ پسند تھا کہ دوسروں کے سہارے آرام سے زندگی بسر کریں۔

زندگی سے خوف کا تجربہ مجھے بہت ہوا ہے۔ اب میں اس خوف کو ''اندھوں کا ڈر'' کہتا ہوں جیسا میں کہہ چکا ہوں مجھے بڑے بُرے حالات میں زندگی بسر کرنا پڑ رہی تھی۔ بچپن ہی سے میں لوگوں کے بے معنی ظلم اور ناقابلِ فہم بُغض کا مشاہدہ کر رہا تھا۔ یہ دیکھ کر مجھے حیرت ہوتی تھی کہ کچھ لوگوں پر تو بے انتہا بوجھ پڑ رہا ہے اور کچھ لوگ چین کرتے ہیں۔ بچپن ہی میں مَیں نے دیکھ لیا تھا کہ نیک اور پارسا لوگ اپنے آپ کو خدا سے جتنا قریب سمجھتے تھے اتنا ہی زیادہ وہ ان لوگوں سے دور تھے جو ان کا کام کاج کرتے تھے اور اپنے یہاں کام کرنے والوں سے ان کے مطالبات بھی اتنے ہی زیادہ بے رحمانہ تھے۔ غرض کہ میں نے زندگی کے اتنے ذلیل اور گندے پہلو آپ سے زیادہ دیکھے ہیں۔ اس کے علاوہ میں نے زندگی کو اتنی گھناؤنی شکلوں میں دیکھا ہے جتنا آپ نہیں دیکھتے کیونکہ آپ تو صرف نچلے متوسط طبقے کے آدمی کو دیکھتے ہیں جو انقلاب سے خوف زدہ ہے اور جسے پہلے کی طرح اب اس بات پر پورا یقین نہیں رہا کہ میری فطرت مجھے جو بنانا چاہتی ہے وہ بن جانے کا مجھے حق ہے۔ میں نے اس طبقے کے آدمی کو اس زمانے میں دیکھا تھا جب اسے پورا یقین تھا کہ وہ نیک زندگی بسر کر رہا ہے اور یہ انتہائی نیک اور بے خلل

زندگی ہمیشہ ہمیشہ کے لیے مضبوطی سے قائم ہے۔

اس زمانے میں میں نے غیر ملکی ناولوں کے ترجمے پڑھنے شروع کر دیئے تھے۔ ان میں اتفاق سے مجھے ڈکنز اور بالزاک جیسے زبردست مصنفوں کی کتابیں بھی مل گئی تھیں اور ایبزوتھ، بلولٹن اور دوما کے تاریخی ناول بھی۔ ان ناولوں میں مجھے ایسے آدمیوں کا تذکرہ ملتا تھا جن کی قوت ارادی بہت مضبوط تھی اور کردار کی خصوصیات بڑی نمایاں تھیں جن کی خوشیاں اور رنج مختلف قسم کے تھے اور جن کے درمیان خیالات کے وزن دار اختلافات کی وجہ سے تصادم ہوا کرتا تھا۔ لیکن میرے چاروں طرف جو لوگ رہتے تھے وہ چھوٹے دماغ کی عورتیں اور مرد تھے جو اپنی معمولی اور پست زندگیاں گزار رہے تھے۔ ان کا لالچ معمولی اور پست تھا، ان کا حسد بھی، ان کا غصہ بھی غرض کہ ہر چیز۔ ان میں لڑائیاں اور مقدمہ بازیاں اس وجہ سے ہوتی تھیں کہ ہمسائے کے لڑکے نے مرغی کو پتھر مار دیا تھا اور اس کی ٹانگ توڑ ڈالی تھی یا کھڑکی کا شیشہ پھوڑ دیا تھا۔ وہ اس وجہ سے بگڑ بیٹھتے تھے یا رنجیدہ ہو جاتے تھے کہ کیک جل گیا تھا یا گوشت زیادہ پک گیا تھا یا دودھ الٹ گیا تھا۔ وہ اس بات پر گھنٹوں روتے جھینکتے رہتے تھے کہ دکاندار نے ایک پونڈ شکر کی قیمت ایک پیسہ بڑھا دی ہے یا بزاز نے کپڑے کا بھاؤ فی گز ایک چھدام زیادہ کر دیا ہے۔ اپنے ہمسایوں کی چھوٹی چھوٹی تکلیفوں میں انہیں بڑا مزہ آتا تھا اور وہ اپنی خوشی کو جھوٹ موٹ کی ہمدردی کے پردے میں چھپانے کی کوشش کرتے تھے۔ میں نے خوب اچھی طرح دیکھ لیا تھا کہ نچلے متوسط طبقے کے آسمان کا سورج پیسہ ہے اور لوگوں کے چھوٹے چھوٹے ذلیل جھگڑوں میں پیسے ہی کا ہاتھ ہوتا ہے برتن بھانڈے، سماوار، گاجریں، مرغی کے بچے، کیک سالگرہ کی دعوتیں، موت کی رسمیں، اتنا کھانا کہ ایک دانے کی

جگہ نہ رہے، اتنی شراب پینی کہ قے آنے لگے اور اچھا خاصا آدمی جانور بن جائے۔۔۔ یہ تھا ان لوگوں کی زندگی کا نقشہ جن کے درمیان میں نے اپنی زندگی شروع کی۔ کبھی کبھی اس گھناونی زندگی سے میرے اندر اتنی نفرت پیدا ہوتی تھی کہ میرے احساسات مردہ ہو جاتے تھے اور مجھے نیند آ جاتی تھی۔ بعض وقت اس سے میرے اندر یہ خواہش پیدا ہوتی تھی کہ میں اپنے آپ کو بیدار کروں او راپنی صلاحیتوں کو برسرِ کار لاؤں۔

بعض دفعہ میری یہ بے زاری اور یہ خواہش کسی مجنونانہ فرار کی شکل میں ظاہر ہوتی تھی۔ میں رات کو چھتوں پر چڑھ جاتا اور دودکش کے منہ کو خاک دھول اور چیتھڑوں سے بند کر دیتا، کبھی چولہے پر پکتے ہوئے شوربے میں مٹھی بھر کے نمک ڈال دیتا، یا کاغذ کی نلکی سے خاندان کی پرانی گھڑی میں مٹی پھونک دیتا۔ غرض کہ میں بہت سی ایسی حرکتیں کرتا تھا جنہیں آج کل غنڈا پن کہا جاتا ہے۔ میں یہ سب باتیں اس وجہ سے کرتا تھا کہ میں اپنے آپ کو زندہ محسوس کرنا چاہتا تھا اور اس کے علاوہ مجھے کوئی اور ذریعہ سوجھتا نہیں تھا جس سے میں اپنے آپ کو یقین دلا سکتا کہ میں زندہ ہوں۔ میں کچھ ایسا محسوس کرتا تھا جیسے کسی جنگل میں کسی گھنے جھاڑ جھنکاڑ میں راستہ بھول گیا تھا جہاں اتنی چھوٹی چھوٹی جھاڑیاں تھیں کہ نکلنا ناممکن تھا، یا جیسے کسی دلدل میں پھنس گیا تھا اور گھٹنوں تک میرے پیر گڑ گئے تھے۔

مجھے ایک واقعہ یاد ہے جس سڑک پر میں رہتا تھا ایک دن وہاں سے کچھ قیدی گزر رہے تھے۔ وہ قید خانے سے آ رہے تھے اور جہاز پر سوار ہونے جا رہے تھے جو انہیں دولگا اور کاما دریاؤں کے ذریعے سائبیریا لے جانے والا تھا۔ یہ بھورے رنگ کے کپڑوں والے آدمی میرے دل میں ہمیشہ ایک بڑی خوفناک حسرت پیدا

کر دیتے تھے۔ حالانکہ ان کے ساتھ حفاظتی دستہ ہوتا تھا اور بعض کے تو بیڑیاں پڑی ہوتی تھیں لیکن شاید مجھے ان پر رشک آیا کرتا تھا کیونکہ یہ لوگ کم سے کم کہیں نہ کہیں جا تو رہے تھے اور مجھے تو اینٹوں کے فرش والے گندے باورچی خانے میں رہنا پڑتا تھا۔ جیسے کوٹھری میں کوئی اکیلا چوہا۔ ایک دن قیدیوں کی ایک بڑی جماعت سڑک پر جا رہی تھی اور ان کی زنجیریں بج رہی تھیں۔ پٹڑی کے قریب والی لائن میں دو قیدی تھے جن کے ہاتھوں اور پیروں میں زنجیریں بندھی ہوئی تھیں۔ ان میں سے ایک بڑا لمبا تڑنگا آدمی تھا اس کی داڑھی سیاہ تھی، آنکھیں گھوڑے کی سی تھیں ایک کان کچھ کٹا ہوا تھا اور ماتھے پر بڑا سا لال اور گہرا نشان تھا۔ یہ آدمی بڑا خوفناک معلوم ہو رہا تھا۔ میں پٹڑی پر چل رہا تھا اور اس آدمی کی طرف گھور رہا تھا کہ اس نے یکایک بڑی زندہ دلی کے ساتھ اور اونچی آواز میں پکارا۔ ''اے لڑکے یہاں آؤ۔ ہمارے ساتھ آجاؤ!''

ان لفظوں کا میرے اوپر کچھ ایسا اثر ہوا جیسے اس نے میرا ہاتھ پکڑ لیا ہو۔ میں فوراً بھاگ کے اس کے پاس پہنچا لیکن ایک سپاہی نے مجھے گالیاں دے کے پیچھے دھکیل دیا۔ اگر وہ مجھے بھگا نہ دیتا تو میں سوتے میں چلنے والے کی طرح اس خوفناک آدمی کے پیچھے پیچھے روانہ ہو جاتا۔ اس لیے روانہ ہو جاتا کہ وہ عجیب قسم کا آدمی تھا اور جن لوگوں سے میں واقف تھا ان سے مختلف تھا۔ وہ بڑا خوفناک تھا اس کے زنجیریں پڑی ہوئی تھیں لیکن وہ مجھے ایک دوسری قسم کی زندگی کا راستہ تو دکھا سکتا تھا۔ مجھے وہ آدمی اور اس کی نیک دلانہ مسکراہٹ مدتوں یاد رہی۔ میرے ذہن میں اس کی شکل ایک اور بڑے گہرے تاثر سے جڑی ہوئی ہے۔ کہیں سے مجھے ایک موٹی سی کتاب مل گئی تھی جس کے شروع کے صفحے غائب تھے۔ میں

نے پڑھنا تو شروع کر دیا لیکن اس میں سے بس ایک کہانی سمجھ میں آئی جو کسی بادشاہ کے بارے میں تھی۔ بادشاہ نے ایک معمولی سپاہی کو کوئی بڑا عہدہ دیا تھا لیکن سپاہی نے جواب میں یہ شعر پڑھے:

''مجھے تو سپاہی ہی رہنے دیجئے اور سپاہی ہی مرنے دیجئے۔ میرا باپ بھی سپاہی تھا اور اس کے بیٹے کو بھی ایسا ہی رہنا چاہیے۔ کیونکہ بڑے مرتبے والے آدمیوں کی بہ نسبت چھوٹے آدمیوں کے لیے اس بات میں زیادہ تعریف ہے کہ وہ کوئی بڑا کارنامہ سرانجام دیں۔''

میں نے یہ کچھ ان گھڑے شعر اپنی کاپی میں نقل کر لیئے اور کئی سال تک ان شعروں نے مجھے وہ کام دیا جو مسافر کو لاٹھی دیتی ہے بلکہ نچلے متوسط درجے کے لوگ میرے لیے 'بڑے آدمیوں' کا رُتبہ رکھتے تھے، مجھے جو بُری بُری صلاحیں دیا کرتے تھے۔ ان سے اور دوسری ترغیبات سے ان اشعار نے مجھے ڈھال کی طرح بچایا۔ غالباً اکثر نوجوانوں کو لڑکپن میں ایسے الفاظ سے سابقہ پڑتا ہے جو ان کے جوان تخیل کو اس طرح قوت بخشتے ہیں جیسے تیز ہوا بادلوں میں بھر جاتی ہے۔

دس سال بعد مجھے پتہ چلا کہ یہ شعر سولہویں صدی کے ایک طربیہ ڈرامے سے لیے گئے ہیں جس کا نام ''جورج اے گرین' ویک فیلڈ کا سپاہی'' ہے اور جو شیکسپیئر کے ہم عصر روبرٹ گرین کی تصنیف ہے۔ روسی میں اس ڈرامے کا نام ''زندہ دل تیر انداز جورج گرین اور روبن ہڈ کا قصہ'' ہے۔ یہ معلوم کر کے مجھے بڑی خوشی ہوئی اور میں ادب کا اور بھی عاشق زار ہو گیا کیونکہ ادب زندگی کی دشواریوں میں ہمیشہ انسان کا سچا دوست اور مددگار ثابت ہوتا ہے۔

آپ کو معلوم ہونا چاہیے کہ اس زمانے میں مجھ جیسے آدمی اکیلے

بھیڑیوں کی طرح تھے۔ یا سماج کے سوتیلے بیٹوں کی طرح اور آپ جیسے سینکڑوں آدمی اس مزدور طبقے کے چہیتے بیٹے ہیں جسے اپنی طاقت کا احساس ہوگیا ہے، جس نے طاقت حاصل کرلی ہے اور جو بڑی تیزی سے افراد کے مفید کام کی صحیح قدر وقیمت پہچاننا سیکھ رہا ہے۔ آپ کو تو مزدوروں اور کسانوں کی حکومت ملی ہے جو آپ کی صلاحیتوں کو پوری طرح نشو ونما پانے میں مدد کرنا اپنا فرض سمجھتی ہے اور مدد کربھی سکتی ہے اور جو آہستہ آہستہ یہ سب کربھی رہی ہے۔

آپ جوان لوگوں کو یہ ضرور جان لینا چاہیے کہ انسانیت نے سائنس، فنون اور مشین سازی وغیرہ میں جو کچھ واقعی قابل قدر ہمیشہ کے لیے کارآمد اور حسین چیزیں پیدا کی ہیں وہ ایسے افراد کی تخلیق ہیں جو ناقابلِ یقین طور پر مشکل حالات میں کام کررہے تھے ،جنھیں سماج کی لاپروائی اور جہالت ،کلیسا کی مدافعت اور دشمنی، سرمایہ داروں کی خودغرضی اور سائنس اور فنون کے سرپرستوں کے عجیب و غریب مطالبات کا مقابلہ کرنا پڑا۔ آپ کو یہ بھی یاد رکھنا چاہیے کہ کلچر کے خالقوں میں بہت سے سیدھے سادے مزدور لوگ بھی تھے جیسے مشہور طبیعات واں فراڈے یا ایڈیسن۔ بُننے کی مشین آرک رائٹ نے ایجاد کی جو نائی تھا،لوہار برنارڈ پیلسی برتن بنانے کے فن میں بڑے بڑے فن کاروں کے مقابلے کا ہے۔ دنیا کا سب سے بڑا ڈراما نگار شیکسپیئر ایک معمولی ایکٹر تھا اور اسی طرح کا دوسرا بڑا ڈراما نگار مولیئر بھی۔ ایسی مثالیں سیکڑوں ہیں۔

اور یہ سب کارنامے ایسے افراد کے ہیں جنھیں علم کے وہ زبردست ذخیرے اور وہ آسانیاں میسر نہیں تھیں جو آج کل ہمیں حاصل ہیں۔ ہمارے ملک میں کلچر کی ترقی کے لیے کام کرنا کتنا آسان ہوگیا ہے کیونکہ یہ ملک باقاعدہ اعلان

کر چکا ہے کہ ہمارا مقصد لوگوں کو غیر معقول محنت ومشقت اور تحصیل زر کے لیے محنت کے سنگدلانہ استعمال سے پوری طرح آزادی دلانا ہے جس کا نتیجہ ہوتا ہے کہ ایک طرف تو اخلاقی طور سے پست ہونے جانے والے امیروں کی ایک جماعت پیدا ہو جاتی ہے اور دوسری طرف مزدور طبقہ موت کے دروازے پر آ پہنچتا ہے۔

اب میں اس سوال کا جواب دوں گا کہ میں نے لکھنا کس طرح سیکھا۔

میں نے تاثرات براہ راست زندگی سے بھی حاصل کیے اور کتابوں سے بھی، پہلی قسم کے تاثرات کا مقابلہ خام مواد سے کیا جا سکتا ہے اور دوسری قسم کے تاثرات کا آدھی بنی ہوئی چیزوں سے، بات کو صاف طور سے سمجھانے کے لیے ایک ان گھڑ سی مثال یہ دی جا سکتی ہے کہ پہلے معاملے میں تو میں ایک بیل دیکھ رہا تھا اور دوسرے معاملے میں اس کی خوبصورت بادامی کھال۔ میں غیر ملکی ادب اور خاص طور سے فرانسیسی ادب کا بڑا احسان مند ہوں۔

میرے دادا بڑے سخت دل کے اور کنجوس تھے لیکن میں نے انہیں کبھی اس طرح نہیں دیکھا تھا اور نہ اس طرح سمجھا تھا جیسا بالزاک کا ناول ''بوژینی گراں دے'' پڑھنے کے بعد دیکھا اور سمجھا۔ بوژینی کا باپ بڈھا گراں دے بھی کنجوس، سخت دل اور عام طور پر میرے دادا کی طرح کا ہے۔ لیکن وہ اتنا ذہین اور دلچسپ نہیں ہے۔ میں اپنے بڈھے روسی دادا کو پسند نہیں کرتا تھا لیکن جب میں نے ان کا مقابلہ اس فرانسیسی سے کیا تو ان کا قد وقامت بڑھتا نظر آیا۔ اس کی وجہ سے میں نے اپنا رویہ نہیں بدلا لیکن یہ بات میرے لیے ایک دریافت کا حکم رکھتی تھی کہ ایک تحریر میری جان پہچان کے کسی آدمی کے بارے میں مجھے وہ باتیں بتا سکتی تھی جو میں نے پہلے کبھی نہیں دیکھی تھیں اور نہ ان پر غور کیا تھا۔

جارج ایلیٹ کے اُکتادینے والے ناول 'مڈل مارچ' اور آور باغ اوراسپیل ہاگن کے ناولوں سے میں نے یہ بات سیکھی کہ انگلستان اور جرمنی کے صوبوں میں لوگوں کی زندگی نزنی نودوگورد کے لوگوں کی زندگی سے کچھ مختلف تو ہے لیکن کچھ زیادہ بہتر نہیں۔ وہ لوگ بھی اسی طرح کی چیزوں کے بارے میں اور اپنے انگریزی یا جرمن سکول کے متعلق باتیں کرتے ہیں۔ وہ لوگ بھی کہتے ہیں کہ آدمی کو خدا سے ڈرنا چاہیے اور اس سے محبت کرنی چاہیے، لیکن میرے محلے والوں کی طرح وہ بھی ایک دوسرے سے بالکل محبت نہیں کرتے اور خاص طور سے عجیب غریب آدمیوں سے جو کسی نہ کسی طرح اکثریت سے مختلف ہوں بالکل محبت نہیں کرتے حالانکہ مجھے اس بات کی تلاش نہیں تھی کہ روسیوں اور غیر ملکیوں میں کون سی باتیں ایک سی ہیں، بلکہ میں تو ان دونوں کا فرق جاننا چاہتا تھا لیکن مجھے ملیں ایسی باتیں جو دونوں میں ایک سی تھیں۔

میرے دادا کے دوست ادان شچوروف اور یاکوف کوتل نیکوف جن کا تجارت میں دیوالہ نکل گیا تھا انہی چیزوں کے بارے میں اور بالکل اسی طرح باتیں کرتے تھے جیسے تھیکرے کے مشہور ناول ''وینٹی فیئر'' کے کردار میں بائبل کی کتاب زبور پڑھا کرتا تھا اور اس کی حسین اور نغمہ ریز زبان کی وجہ سے مجھے اس سے بڑی محبت تھی۔ جب میرے دادا یاکوف کوتل نیکوف اور دوسرے بڈھے اپنے بچوں کی شکایتیں کرتے تھے تو مجھے یاد آیا کرتا تھا کہ بادشاہ داؤد نے خدا سے اپنے بیٹے ایسالم کی کس طرح شکایت کی تھی جب بڈھے آپس میں بیٹھ کر یہ باتیں کیا کرتے تھے کہ اب لوگ اور خاص طور سے نوجوان پہلے کی بہ نسبت بڑے کاہل اور احمق اور بن سرے ہوگئے ہیں، خدا سے نہیں ڈرتے اور ان کی زندگیاں بڑی خراب ہوگئی ہیں تو

مجھے معلوم ہوتا تھا کہ یہ لوگ سچ نہیں بول رہے کیونکہ ڈکنز ریا کار کردار بھی یہی کہا کرتے تھے۔

میرے مطالعے کا کوئی نظام یا کوئی خاص طریقہ نہیں تھا یہ سب بالکل موقع پر منحصر تھا۔ میرے مالک کا بھائی وکتور سرگئی ایف زاویے دموں، تے پیں گابوریو اور بوویے کے عام پسند فرانسیسی ناول پڑھا کرتا تھا۔ انہیں پڑھ چکنے کے بعد اسے روسی کتابیں ملیں جن میں انقلابیوں کا مذاق اڑایا جاتا تھا اور ان کا بیان بڑی دشمنی کے ساتھ کیا جاتا تھا۔ ان ناولوں میں انقلابیوں کو ''نراجی'' کہا جاتا تھا۔ میں نے بھی یہ کتابیں پڑھیں اور ایسے آدمیوں کے ذکر کو بڑا دلچسپ پایا جو میرے گرد و پیش رہنے والے لوگوں سے بالکل مختلف تھے اور اس قیدی سے ملتے جلتے تھے۔ جس نے مجھے اپنے ساتھ چلنے کی دعوت دی تھی۔ لیکن میں یہ نہیں سمجھ سکا کہ یہ انقلابی چاہتے کیا تھے اور ان مصنفوں کا مقصد بھی دراصل یہی تھا اور اسی وجہ سے وہ انہیں ایسے سیاہ رنگوں میں پیش کرتے تھے۔

اتفاق سے مجھے پولیالوفسکی کی کہانیاں ''مولوتوف'' اور ''چھوٹے آدمی کی قسمت'' مل گئیں۔ اس مصنف نے مجھے نچلے متوسط طبقے کی زندگی کا افلاس اور اس کی بے زار کن حالت اور اس طبقے کے لوگوں کی فقیرانہ خوشی کا نقشہ دکھایا تو میں دل میں یہ محسوس کرنے لگا کہ شریف مولوتوف سے تو یہ خوفناک نراجی ہی بہتر ہیں۔

غیر ملکی ادب سے مجھے مقابلے اور موازنے کے لیے بہت سا مواد حاصل ہوا اور بیان کی زبردست قدرت نے میرا دل موہ لیا۔ ان ناولوں میں لوگوں کا بیان اتنے عمدہ اور جاندار طریقے سے ہوتا تھا کہ کردار بالکل زندہ نظر آتے تھے اور مجھے ایسا معلوم ہوتا تھا کہ میں انہیں چھو سکتا ہوں۔ اس کے علاوہ یہ کردار رومیوں سے

زیادہ سرگرم کار رہتے تھے۔ وہ باتیں کم کرتے تھے اور کام زیادہ۔ لکھنے والے کی حیثیت سے میرے اوپر ایک بہت حقیقی اور گہرا اثر ان تین زبردست فرانسیسی ناول نگاروں، استاں دال، بالزاک اور فلوبیر کا پڑا اور میں مبتدیوں کو یہی صلاح دوں گا کہ ان مصنفوں کو پڑھیں۔ یہ لوگ واقعی جوہر رکھنے والے فن کار اور ہیئت کے سب سے بڑے بادشاہ ہیں۔ رُوسی ادب نے ابھی تک ان خوبیوں کے مصنف پیدا نہیں کیئے۔ میں نے ان کی کتابیں روسی میں پڑھی ہیں لیکن اس کے باوجود زبان کے استعمال میں ان فرانسیسیوں کی حسن کاری میں نے محسوس کرلی۔ مین ریڈ، کوپر، اگستاوایمار، پوں سوں دوتیرے ای وغیرہ گھٹیا قسم کی چیزوں کے بعد ان زبردست مصنفوں کی کہانیاں مجھے بالکل معجزے کی طرح معلوم ہوئیں۔

مجھے یاد ہے کہ ایک تہوار کی شام کو چھٹی منانے والے لوگوں کے ہجوم سے چھپنے کے لیے میں اصطبل کی چھت پر چڑھ گیا تھا اور وہاں میں نے فلوبیر کی کہانی ''ایک سیدھی سادی روح'' پڑھی تھی۔ کہانی نے میرے اوپر بالکل قبضہ جمالیا، میں اندھا اور بہرا ہوگیا۔ اس سیدھی سادی عورت کی ہستی نے، اس خادمہ نے جس نے نہ تو کوئی زبردست کارنامہ سرانجام دیا تھا اور نہ کوئی جرم کیا تھا، تہوار کے ہنسی مذاق اور ہنگاموں کو میری نظروں سے چھپادیا۔ یہ سمجھنا مشکل تھا کہ اس آدمی نے روزمرہ کے معمولی لفظوں کو چھوڑ کر ایک خادمہ کی غیر دلچسپ زندگی کے بارے میں جو کہانی لکھی ہے اس کا میرے اوپر اتنا اثر کیوں ہورہا ہے۔ معلوم ہوتا تھا کہ اس میں کوئی عجیب اور ناقابل فہم راز پوشیدہ ہے۔ میں یہ بات گھڑ نہیں رہا ہوں بلکہ واقعی کسی حیرت زدہ وحشی کی طرح بے اختیار ہوکر میں نے کتاب کو اٹھالیا اور روشنی میں تلاش کرنے لگا کہ اس راز کا حل کہیں سطروں کے بیچ میں تو نہیں چھپا ہوا۔

میں نے درجنوں ایسی کتابیں پڑھی تھیں جن میں پراسرار اور ہولناک جرموں کا بیان تھا پھر میں نے استاں داں کی اطالوی کہانیاں پڑھیں اور یہ بات میری سمجھ میں نہ آسکی کہ اس نے ایسی کامیابی کیسے حاصل کی۔ یہ شخص بے رحم انسانوں اور انتقام لینے والے قاتلوں کا حال بیان کررہا تھا لیکن میں اس کی کہانیوں کو ایسے پڑھ رہا تھا جیسے نیک لوگوں اور ولیوں کی زندگی کے حالات پڑھ رہا ہوں یا حضرت مریم کا خواب جس میں دکھایا گیا ہے کہ حضرت مریم نے جہنم میں کس طرح سیر کی اور گناہ گاروں کی اذیتیں کیسے دیکھیں۔

لیکن سب سے زبردست اثر میرے اوپر اس وقت ہوا جب میں نے بالزاک کے ناول La Pean De chargsim میں ساہوکار کے گھر کی رنگ رلیوں کا حال پڑھا۔ وہاں کوئی بیس آدمی ایک ساتھ بول رہے تھے اور بے انتہا شوروغل مچا رہے تھے۔ معلوم ہوتا تھا کہ اس شوروشغب کی آواز میرے کانوں میں آرہی ہے۔ لیکن سب سے اہم بات یہ تھی کہ میں صرف آوازیں ہی نہیں سن رہا تھا بلکہ ان کے بولنے کا انداز، ان کی آنکھیں، ان کی مسکراہٹ، ان کی حرکتیں سب دیکھ رہا تھا۔ حالانکہ بالزاک نے ساہوکار کے مہمانوں کا حلیہ نہیں بیان کیا تھا۔

لفظوں کے ذریعہ لوگوں کی تصویر کشی، ان کی گفتگو کو زندہ کردینے اور سنوار دینے کا فن، مکالموں پر پوری قدرت، ان سب باتوں کی وجہ سے میں ہمیشہ بالزاک اور دوسرے فرانسیسیوں کا والہ وشیدا ہوجاتا تھا۔ بالزاک کی کتابیں تو گیا روغنی رنگوں میں لکھی ہوتی ہیں۔ جب میں نے روبنز کی تصویریں پہلی مرتبہ دیکھیں تو مجھے فوراً بالزاک یاد آیا۔ جب میں دوستوئفسکی کے طوفان خیز ناول پڑھتا ہوں تو یہ سوچے بغیر نہیں رہ سکتا کہ وہ ناول کے اس زبردست استاد کا ضرور احسان مند ہے۔

مجھے گوں گور بھائیوں کی کتابیں بھی پسند آئیں جو قلم اور روشنائی سے کھینچی ہوئی تصویر کی طرح بالکل درست اور خشک ہیں اور زولانے زندگی کی جو ہولناک اور سیاہ تصویریں کھینچی ہیں وہ بھی پسند آئیں۔ وکتور یوگو کے ناولوں کا میرے دل پر بالکل اثر نہیں ہوا۔ ''۹۳ء'' تک کو میں نے بڑی بے پروائی سے پڑھا۔ اس بے پروائی کا سبب اس وقت سمجھ میں آیا جب میں نے انا تول فرانس کا ناول 'دیوتا پیاسے ہیں' پڑھا۔ استاں دال کے ناول میں نے اس وقت پڑھے جب میں نے بہت سی چیزوں سے نفرت کرنا سیکھ لیا تھا اور اس کے پرسکون لہجے اور تشکک آمیز طنز نے میری نفرت کو بہت مضبوط کر دیا۔

جو کچھ میں نے کتابوں کے بارے میں کہا ہے اس سے یہ نتیجہ نکلتا ہے کہ میں نے لکھنا فرانسیسیوں سے سیکھا۔ حالانکہ یہ بالکل اتفاق تھا لیکن میں سمجھتا ہوں کہ یہ کوئی بری بات نہیں ہوئی اور میں نوجوان لکھنے والوں کو فرانسیسی سیکھنے کی صلاح دیتا ہوں تا کہ وہ ان زبردست استادوں کو اصلی زبان میں پڑھ سکیں اور ان سے الفاظ کا زبردست فن سیکھ سکیں۔

روسی ادب کے زبردست کارناموں سے میں بہت دن بعد واقف ہوا۔ گوگول، ٹولسٹائے، تورگینیف، گول چیروف، دوستو ئفسکی اور لیسکوف ان سب کو میں نے بعد میں پڑھا۔ لیسکوف نے اپنے حیرت انگیز علم اور مالا مال زبان کی بدولت واقعی مجھے بڑا متاثر کیا۔ یہ بڑا عمدہ مصنف ہے اور روس کے حالات کا بڑا گہرا اور شدید علم رکھتا ہے۔ یہ ایسا آدمی ہے جس کی ہمارے ادب میں ابھی تک پوری طرح قدر نہیں کی گئی۔ چیخوف نے کہا تھا کہ اس نے لیسکوف سے بہت کچھ لیا ہے اور میں سمجھتا ہوں کہ ریمی سوف بھی یہی کہہ سکتا تھا۔

46

ان تاثرات اور ان تعلقات کا ذکر میں اس وجہ سے کر رہا ہوں کہ میں ایک مرتبہ پھر اس بات پر زور دینا چاہتا ہوں کہ ادیب کے لیے روسی اور غیر ملکی ادب کی تاریخ سے واقف ہونا بہت ضروری ہے۔

جب میں بیس سال کا ہوا تو یہ بات میری سمجھ میں آنے لگی کہ میں نے بہت سی باتیں دیکھی اور سنی ہیں اور بہت سی باتوں کا مجھے تجربہ ہوا ہے جن کا ذکر مجھے لازمی طور پر دوسرے لوگوں سے کرنا چاہیے۔ مجھے معلوم ہوتا تھا کہ میں بعض چیزوں کو نہ اس طرح سمجھتا ہوں اور نہ اس طرح محسوس کرتا ہوں جس طرح لوگ کرتے ہیں۔ اس چیز نے مجھے بڑا پریشان کیا اور میں بڑا مضطرب اور پُرگو بن گیا۔ تورگینیف جیسے استاد کی کتاب پڑھتے ہوئے بھی بعض وقت مجھے یہ خیال آتا تھا کہ شاید ''ایک شکاری کے اسکیچ'' والے کرداروں کی کہانیوں کو میں تورگینیف سے مختلف طریقے پر لکھ سکتا ہوں۔ اس زمانے میں مجھے ایک دلچسپ قصہ گو سمجھا جانے لگا تھا اور گھاٹ پر مزدوری کرنے والے نانبائی، آوارہ گرد، بڑھئی ریل کے مزدور، ''مقدس مقامات کے زائرین'' اور دوسرے لوگ جن کے درمیان میں رہتا تھا، میری باتیں بڑے غور سے سنا کرتے تھے۔ جب میں اپنی پڑھی ہوئی کتابوں کے بارے میں انہیں بتاتا تو یہ دیکھتا کہ میں ان کہانیوں کو مختلف طریقے سے سنا رہا ہوں، جو کچھ میں نے پڑھا ہے اسے توڑ مروڑ کے پیش کر رہا ہوں اور اس میں اپنے تجربات کا اضافہ کرتا جا رہا ہوں۔ یہ بات اس وجہ سے ہوئی کہ میرے لیے ادب اور زندگی آپس میں گھل مل گئے تھے۔ ایک کتاب بھی اسی طرح زندگی کا مظہر تھی جس طرح ایک آدمی، ایک کتاب بھی ایک جیتی جاگتی اور باتیں کرتی ہوئی حقیقت تھی اور انسان کی بنائی ہوئی یا بنائی جانے والی چیزوں کی طرح یہ صرف ایک ''چیز'' نہیں تھی۔

جو پڑھے لکھے لوگ میری باتیں سنتے تھے مجھ سے کہا کرتے تھے۔ ''لکھو! لکھنے کی کوشش کرو''!

اکثر میں بالکل مدہوش سا ہو جاتا تھا۔ میرے اوپر باتوں کے دورے پڑا کرتے تھے یا یوں کہیئے کہ میں الفاظ کی خرمستی میں مبتلا ہو جاتا تھا۔ یہ میری اس خواہش کا نتیجہ تھا کہ مجھے جن باتوں سے رنج یا خوشی حاصل ہو ان کا ذکر دوسروں سے کروں۔ میں چاہتا تھا کہ ان چیزوں کے بارے میں باتیں کر کے اپنے دل کا بوجھ ہلکا کروں۔ بعض دفعہ کرب انگیز ہیجان اور کشاکش کے لمحے آتے تھے جب جنوں زدہ عورت کی طرح میرے حلق میں کچھ اٹک سا جاتا تھا۔ میں زور زور سے چیخنا چاہتا تھا کہ اگر کسی نے اس کی مدد نہ کی تو شیشہ ساز اناتولی جو میرا دوست تھا اور بڑا ہوشیار لڑکا تھا، بالکل برباد ہو جائے گا، یا یہ کہنا چاہتا تھا کہ سڑکوں پر ماری ماری پھرنے والی تیریسا ایک نیک عورت ہے اور اس کا رنڈی بن جانا بڑی بے انصافی ہے اور طالب علم جو اسے استعمال کرتے ہیں یہ حقیقت نہیں سمجھتے کہ بڈھی فقیرنی تستا ہماری نوجوان اور پڑھا کو دائی یا کوہ لیفا سے زیادہ ذہین ہے۔

اپنے عزیز دوست طالب علم گوری پلیت نیوف تک کو بتائے بغیر میں نے تیرلیا اور اناتولی کے بارے میں کچھ شعر لکھے اور کچھ شعر موسم بہار میں پگھلنے والی برف کے متعلق لکھے کہ وہ اس وجہ سے نہیں پگھلتا کہ گندے پانی کی دھار بن کر سڑک پر بہتا ہوا اس کوٹھڑی میں جا گرے جہاں نانبائی کام کرتے ہیں میں نے لکھا کہ وولگا بڑا حسین دریا ہے اور بسکٹ بنانے والا کوزن جوڈا اس کی طرح غدار ہے اور زندگی تکلیف دہ اور گھناؤنی چیز ہے اور روح کو کچل دیتی ہے۔

شعر میں نے بڑی آسانی سے لکھ لیے لیکن میں نے دیکھا کہ میرے شعر

بڑے خراب ہیں اور مجھے اپنی نالائقی اور بے ہُنری پر غصہ آنے لگا۔ میں نے پوشکن لیرمونتوف، نیکراسوف کی نظمیں اور کروچکن نے بیراں ژے کی نظموں کے جو ترجمے کیے ہیں وہ پڑھے اور مجھے صاف صاف نظر آ گیا کہ میں ان شاعروں کی طرح کا آدمی بالکل نہیں ہوں۔ نثر بڑی تیز آنکھیں، دوسروں کو نظر نہ آنے والی چیزوں کے دیکھنے اور مشاہدہ کرنے کی صلاحیت اور لفظوں کی ایک خاص اور غیر معمولی طور پر گھٹی ہوئی اور زوردار ترتیب کا مطالبہ کرتی تھی لیکن ان تمام باتوں کے باوجود میں نے نثر لکھنے کی بھی کوشش کی لیکن میں نے آہنگ وار نثر کو ترجیح دی کیونکہ معمولی قسم کی نثر لکھنا میرے بس کی بات نہیں معلوم ہوتی تھی۔ میری ان کوششوں کے نتیجے قابل رحم اور مضحکہ خیز تھے۔ میں نے آہنگ وار نثر میں ایک بڑی لمبی چوڑی نظم لکھی جس کا نام میں نے ''بڈھے شاہ بلوط کا گیت'' رکھا کورولنکو نے صرف دس لفظوں میں اس ''چوبی'' تخلیق کو جڑ سے اکھاڑ پھینکا۔ اگر مجھے ٹھیک یاد ہے تو میں نے اس میں ایک مضمون ''زندگی کا گرداب'' (اگر میں غلطی نہیں کرتا تو یہ مضمون سائنس کے رسالے ''علم'' میں شائع ہوا تھا) کے بارے میں اپنے خیالات پیش کیے تھے اور نظریہ ارتقاء پر بحث کی تھی۔ مجھے اس ساری نظم کا صرف ایک جملہ یاد ہے۔ میں دنیا میں اس لیے آیا ہوں کہ کسی کی بات نہ مانوں۔۔۔ اور معلوم ہوتا ہے کہ واقعی میں نظریہ ارتقاء کو نہیں مانتا تھا۔

میرا خیال ہے یہ بات ناوسوں نے کہی ہے کہ ''ہماری غریب زبان سرد اور حقیر ہے۔'' بہت کم شاعر ایسے ہیں جنہوں نے ہماری زبان کے افلاس کی شکایت نہ کی ہو۔

میں سمجھتا ہوں کہ شکایتیں صرف رُوسی زبان ہی نہیں بلکہ پوری انسانی

زبان سے متعلق ہیں۔ یہ شکایتیں اس بات سے پیدا ہوتی ہیں کہ بہت سے خیالات اور احساسات اتنے ناقابل گرفت ہیں کہ لفظوں میں ادا ہی نہیں ہو سکتے۔ لیکن اگر ہم لفظوں کی گرفت میں بنانے والی باتوں کو الگ کر دیں تو روسی زبان اتنی مالا مال ہے کہ اس کے ذخیرے کبھی ختم نہیں ہو سکتے اور یہ زبان حیرت ناک تیزی سے مالدار ہوتی جا رہی ہے۔

یہاں یہ بتا دینا مفید ہوگا کہ زبان عوام کی تخلیق ہے۔ کسی زبان کو ادبی زبان اور بول چال کی زبان دو حصوں میں تقسیم کرنے کے معنی یہ ہیں کہ ایک طرف تو ہمارے پاس یوں کہنا چاہیے کہ ایک ''کچی'' زبان ہے اور دوسری طرف ایک ایسی زبان ہے جسے استادوں کے ہاتھوں نے ڈھالا ہے۔ پہلا آدمی جس نے یہ بات سمجھی پوشکن تھا اور اس نے پہلی مرتبہ یہ دکھایا کہ عوام کی زبان کے خام مواد کو کس طرح استعمال کیا جاتا ہے اور اسے کس طرح ڈھالا جاتا ہے۔

لکھنے والا اپنے ملک اور اپنے طبقے کا جذباتی ترجمان ہوتا ہے۔ وہ ان کے کان، ان کی آنکھیں اور ان کا دل ہوتا ہے وہ اپنے زمانے کی آواز ہوتا ہے۔ اسے جتنا ممکن ہو سکے جاننا چاہیے۔ وہ ماضی سے جتنا زیادہ واقف ہوگا اتنا ہی اچھا ہے۔ وہ اپنے زمانے کو سمجھ سکے گا اور ہمارے زمانے کے عالمگیر انقلابی انداز کو اور اس کے کاموں کی گیرائی کو اتنی ہی زیادہ گہرائی اور مضبوطی کے ساتھ سمجھ سکے گا، عوام کی تاریخ جاننا صرف ضروری نہیں بلکہ لازمی ہے، یہ جاننا بھی اتنا ہی ضروری ہے کہ سماجی اور سیاسی مسائل کے بارے میں عوام کیا سوچتے ہیں۔ نسلیات اور کلچر کی تاریخ کے عالم بتاتے ہیں کہ عوام کا اندازِ فکر کہانیوں، داستانوں، کہاوتوں اور ضرب المثلوں کی شکل میں ظاہر ہوتا ہے اور یہ بالکل سچ ہے کہ ضرب الامثال اور کہاوتیں

بڑی مکمل اور دل نشین شکل میں ہمیں بتاتی ہیں کہ عوام کیا سوچتے ہیں۔

مختصر یہ کہ محنت کش عوام کی زندگی کے کل سماجی اور تاریخی تجربے کو ضرب الامثال اور کہاوتیں بے نظیر اختیار کے ساتھ پیش کرتی ہیں اور لکھنے والے کے لیے ان چیزوں سے واقف ہونا ضروری ہے۔ ان سے وہ یہ سیکھے گا کہ کچھ لفظوں کو تو اس طرح بھینچ لینا چاہیے جس طرح مٹھی میں انگلیاں بھینچ لی جاتی ہیں اور کچھ لفظوں کو کھولنا چاہیے کیونکہ دوسروں نے ان کوزوں میں دریا بند کیا ہے۔۔۔۔ ان لفظوں کو کھولنا چاہیے تاکہ ان میں سے وہ مُردہ چیزیں باہر نکل سکیں جو ان میں چھپی ہوئی ہیں اور جو ہمارے زمانے کے کاموں کی دشمن ہیں۔

ضرب المثل گویا چھوٹے چھوٹے تیز جملوں میں سوچنا ہے۔ میں نے ان چیزوں سے بہت کچھ سیکھا ہے۔

اس قسم کے زندہ خیالات نے مجھے سوچنا اور لکھنا سکھایا۔ اس قسم کے خیالات دربانوں، کلرکوں اور غربت زدہ لوگوں کے خیالات مجھے کتابوں میں ملے جہاں وہ دوسرے الفاظ میں ملبوس تھے۔ اس طرح زندگی اور ادب کے حقائق نے ایک دوسرے کی تکمیل کی۔

میں بتا چکا ہوں کہ الفاظ کے بادشاہ کرداروں اور نمونوں کی تخلیق کس طرح کرتے ہیں لیکن شاید دو دلچسپ مثالوں کا ذکر مفید ہوگا۔

گیٹے کا ''فاؤسٹ' فن کارانہ تخلیق کی بہترین پیداواروں میں سے ایک ہے، یہ کلیتاً تخیل کی پیداوار ہے دماغ کا تراشا ہوا افسانہ یہاں خیالات نے ذہنی تصویروں کی شکل میں جنم لیا ہے۔ میں نے بیس سال کی عمر میں 'فاؤسٹ' پڑھا اور کچھ دن بعد مجھے معلوم ہوا کہ جرمن نژاد گیٹے سے دو سو سال پہلے ایک انگریز

کرسٹوفر مارلو نے بھی 'فاؤسٹ' کے بارے میں لکھا اور ایک پولستانی ناول ''پان تواردوسکی'' بھی ایک قسم کا 'فاؤسٹ' ہے اور اسی طرح فرانسیسی پول دموسے کا ''مسرت کے جویا' بھی۔ مجھے یہ بھی معلوم ہوا کہ فاؤسٹ کے بارے میں سب کتابوں کا ماخذ ازمنہ متوسط کا ایک عوامی قصہ ہے جس میں ایک آدمی نے اپنی روح شیطان کے ہاتھ میں بیچ دی تھی کیونکہ وہ اپنی ذات کے لیے مسرت اور فطرت کی قوتوں اور انسانوں پر طاقت حاصل کرنا چاہتا تھا۔ یہ قصہ ازمنہ متوسط کے اُن کیمیا سازوں کی زندگی اور ان کے کام کے مشاہدے سے پیدا ہوا تھا جو سونا بنانے اور آبِ حیات ڈھونڈ لینے کی فکر میں لگے رہتے تھے۔ ان لوگوں میں بہت سے ایماندار خواب دیکھنے والے 'کسی خیال کے دیوانے' بھی تھے۔ لیکن بہت سے دھوکے باز اور گرہ کٹ بھی تھے۔ ڈاکٹر فاؤسٹ کے قصوں میں یہ دکھایا جاتا تھا کہ ہمیشہ کی زندگی اور ہر چیز کے علم کے حصول میں شیطان تک اس کی مدد نہیں کرسکا اور اس طرح ایک زبردست قوت حاصل کرنے کی کوششوں میں کیمیا سازوں کی ناکامی کا مذاق اڑایا جاتا تھا۔

ناشاد و نامراد ڈاکٹر فاؤسٹ کے پہلو بہ پہلو ایک اور کردار ہے جس سے ہر قوم واقف ہے۔ اٹلی میں اس کا نام پلچی نیلو ہے انگلستان میں پنچ، ترکی میں کاراپت اور ہمارے ملک میں پتروشکا۔ وہ کٹھ پتلیوں کے تماشے کا ناقابل تسخیر ہیرو ہے، وہ ہر چیز اور ہر آدمی کو شکست دیتا ہے پولیس کو، پادریوں کو، یہاں تک کہ موت اور شیطان کو اور خود ہمیشہ زندہ رہتا ہے۔ اس سیدھی سادھی اور ان گھڑ مشکل میں محنت کش عوام نے اپنی ہستی کو تشکیل دی ہے اور اپنے اس راسخ یقین کا اظہار کیا ہے کہ آخر میں یہ لوگ سب کو شکست دے کر سب پر غالب آجائیں گے۔

یہ دونوں مثالیں ان باتوں کی پھر تصدیق کرتی ہیں جو میں نے اوپر کہی ہیں۔ وہ ''بے نام'' روایتی ادب پارے یعنی گمنام آدمیوں کی تخلیق کردہ چیزیں اسی قانون کے ماتحت ہیں کہ کسی سماجی گروہ کے خصائص نمایاں شکل میں صرف اس طرح دکھائے جا سکتے ہیں کہ اس گروہ کے کسی ایک فرد میں ان تمام باتوں کو مرتکز کر دیا جائے۔ اگر مصنف ان قانونوں کا پوری طرح خیال رکھے تو اسے نمونوں کی تخلیق میں بڑی مدد ملے گی۔ چارلس ڈی کوسٹر نے بل یولنس پیگل کی اسی طرح تخلیق کی تھی جو ولندیزیوں کا قومی نمونہ ہے اور اسی طرح رومین رولان نے برگنڈی کے رہنے والے کولا برونیوں کی اور ایلفونس دودے نے پردوانس کے نمائندے تارتاریں کی۔ نمائندہ کرداروں کی ایسی شاندار تصویریں مصنف صرف اسی وقت تخلیق کر سکتا ہے کہ جب اس نے اپنی مشاہدے کی قوت اور مشابہت پہچاننے اور فرق سمجھنے کی صلاحیت کو اچھی طرح تربیت دی ہو اور وہ نئی باتیں سیکھنے کے لیے ہر وقت تیار رہتا ہو۔ جب علم صحیح اور درست نہیں ہوتا تو پھر مفروضے چلنے لگتے ہیں اور دس مفروضوں میں سے نو غلط ہوتے ہیں۔

میں اپنے آپ کو اتنا بڑا اُستاد نہیں سمجھتا جس میں ایسے کردار اور نمونے تخلیق کرنے کی اہلیت ہو جو فن کارانہ قیمت کے لحاظ سے اوبلوموف، رُوبن، ریازانوف وغیرہ کرداروں کے مقابلے کے ہوں۔ لیکن فوما گوردے یف لکھنے کے لیے بھی مجھے تاجروں کے کئی درجن بیٹوں کا مشاہدہ کرنا پڑا جو اپنے والدین کی زندگیوں اور ان کے پیشوں سے غیر مطمئن تھے۔ سب کے اندر ایک مبہم سا احساس یہ تھا کہ ان کی یکساں ''خالی خولی اور اُکتا دینے والی'' زندگی میں کوئی معنی نہیں تھے۔ میرے کردار فوما کے اصلی نمونے اپنی بیرنگ زندگی سے بیزار تھے، وہ ہر وقت سوچ

میں ڈوبے رہتے تھے، یا تو وہ شراب پینا شروع کر دیتے تھے اور بدمست بن جاتے تھے اور بقول شخصے زندگی کو جلانے لگتے تھے یا پھر وہ سادا موروزوف کی طرح ''سفید گدھ'' بن جاتے تھے۔ فوما گوردے یف کے دینی باپ مایاکن کو بھی اسی طرح کی بہت سی چھوٹی چھوٹی خصلتوں یا یوں کہیے کہ 'ضرب الامثال' کی مدد سے ترتیب دیا گیا تھا لیکن میں غلطی پر نہیں تھا۔ ۱۹۰۵ء کے بعد جب مزدوروں اور کسانوں نے اپنی لاشوں سے مایاکن جیسے لوگوں کے طاقت کے حصول کا راستہ تیار کر دیا تو جن مایاکن لوگوں کو ہم سب جانتے ہیں، انہوں نے مزدور طبقے کے خلاف جدوجہد میں کوئی کم نمایاں حصہ نہیں لیا اور اب تک انہوں نے اپنے پرانے ٹھکانوں پر پہنچ جانے کا خواب دیکھنا بند نہیں کیا۔

جہاں لوگ مجھ سے پوچھتے ہیں کہ میں نے آوارہ گردوں کے متعلق کیوں لکھا ہے۔ کیونکہ میں نچلے متوسط طبقے کے درمیان رہتا تھا اور اپنے چاروں طرف ایسے لوگوں کو دیکھتا تھا جن کا مقصد صرف کسی نہ کسی طرح دھوکا دے کر دوسروں سے ناجائز فائدہ حاصل کرنا تھا اور دوسروں کے خون اور پسینے کو پیسوں میں تبدیل کرنا اور پیسوں کو روپیوں میں۔ چنانچہ اپنی پندرہ سالہ نامہ نگار کی طرح میں بھی ان معمولی درجے کے مفت خور لوگوں سے شدید نفرت کرنے لگا جو ایک دوسرے سے اتنے مشابہ تھے جیسے ایک ٹکسال کے پیسے۔

آوارہ گرد لوگ میرے لیے 'غیر معمولی' آدمی تھے۔ وہ غیر معمولی اس لیے تھے کہ وہ کسی طبقے سے تعلق نہیں رکھتے تھے یا تو وہ خود اپنے طبقے سے کٹ کر الگ ہو گئے تھے یا ان کے طبقے نے انہیں نکال باہر کیا تھا اور اب ان میں اپنے طبقے کی مخصوص باتیں باقی نہیں رہی تھیں۔ نثرنی نوو دوگورود میں ''ملیونکا'' کی سرائے میں

ایک تاجر جو پہلے بہت خوش حال تھا میرا ایک چچازاد بھائی الیکسا ندر کاشی ہرن جو نرم مزاج کا اور خواب دیکھنے والا آدمی تھا، اطالوی فن کارتون تیئی، گلاوکوف جو پہلے اسکول میں ماسٹر تھا ایک بیرنی 'ب' ایک آدمی جو پہلے پولیس میں اسسٹنٹ انسپکٹر تھا اور ڈاکہ زنی میں بہت دن جیل کاٹ چکا تھا اور مشہور چور 'جنرل نکولا' جس کا اصلی نام وان۔در۔ویست تھا' یہ سب لوگ مل جل کر بڑے مزے سے رہتے تھے اور انہوں نے اپنے گروہ کا نام ''سنہری جماعت'' رکھ لیا تھا۔

کازان کے ''شیشے کے کارخانے'' میں مجھے تقریباً بیس آدمیوں کا ایک اور گروہ ملا۔ یہ لوگ بھی مختلف طرح کے اور مختلف طبقوں سے تعلق رکھنے والے تھے۔ ایک 'طالب علم' تھا جس کا نام رادلوف تھا یا شاید رادہ نوف ہوگا۔ ایک بڈھا چیتھڑے جمع کرنے والا تھا جو دس سال کی سخت قید بھگت چکا تھا، واسکا گراچک پہلے گورنر آندرے الفیکی کا خادم تھا، رودزے وچ ایک انجن ڈرائیور تھا اور ایک پادری کا بیٹا، وادی دوف مویشیوں کا ڈاکٹر تھا۔ ان میں سے زیادہ لوگ بیمار اور شرابی تھے۔ ان میں اکثر کی آپس میں لڑائیاں ہوتی رہتی تھیں۔ لیکن ایک دوسرے کی دم سازی اور مددگاری کا جذبہ ان کے اندر بہت ترقی کر گیا تھا۔ جو کچھ وہ کماتے یا چراتے تھے اسے ساتھ بیٹھ کر کھاتے پیتے تھے۔ میں نے دیکھا کہ حالانکہ ان کے حالات زندگی معمولی آدمیوں کی نسبت بڑے خراب تھے، لیکن وہ اپنے آپ کو اوروں سے بہتر حالت میں سمجھتے تھے اور واقعی وہ معمولی آدمیوں کی نسبت بہتر تھے کیونکہ وہ لالچی نہیں تھے وہ ایک دوسرے کو دھوکا دینے کی کوشش نہیں کرتے تھے اور نہ انہیں روپیہ جمع کرنے کی فکر تھی۔۔۔

ان آوارہ گردوں میں عجیب وغریب لوگ تھے اور ان کی بہت سی ایسی

باتیں تھیں جو میری سمجھ ہی میں نہیں آتی تھیں لیکن اس بات نے مجھے بے طرح ان کی طرف داری پر مائل کر دیا تھا کہ وہ زندگی کی شکایت نہیں کرتے تھے اور شریف لوگوں کی خوش حال زندگی کے بارے میں طنز و طعن کے ساتھ باتیں کرتے تھے، پوشیدہ رشک و حسد کے جذبے کی وجہ سے نہیں، نہ انگوروں کے کھٹے ہونے کی وجہ سے بلکہ جذبہ افتخار کی وجہ سے اور اس علم کی وجہ سے کہ چاہے ان کی زندگی خراب سہی لیکن وہ ان لوگوں سے زیادہ اچھے آدمی تھے جن کی ''زندگی اچھی'' تھی۔

کو والدا جس نے ایک خراب سی سرائے کھول رکھی تھی اور جس کا حال میں نے اپنی ایک کہانی میں بیان کیا ہے اسے میں نے پہلی مرتبہ ایک عدالت میں دیکھا تھا۔ جب وہ منصف کے سامنے پیش ہوا تھا۔ میں یہ دیکھ کر ہکا بکا رہ گیا وہ چیتھڑوں میں لپٹا ہوا آدمی منصف کے سوالوں کا جواب انتہائی وقار کے ساتھ دے رہا ہے اور پولیس کے سپاہی، سرکاری وکیل اور جس سرائے والے کو اس نے مارا تھا ان سب سے وہ بڑی حقارت سے پیش آ رہا ہے۔ ایسا ہی گہرا اثر مجھ پر اوڈیسا میں ایک آوارہ گرد کی ملائم طنز کا ہوا جس نے مجھے وہ کہانی سنائی تھی جسے میں نے اپنی کہانی ''چلکاش'' کے لیے استعمال کیا ہے۔ اس آدمی سے میری ملاقات اسپتال میں ہوئی۔ جہاں ہم دونوں بیمار پڑے تھے۔ مجھے اس کی مسکراہٹ اچھی طرح یاد ہے جس کی وجہ سے اس کے سفید شاندار دانت کھل گئے تھے۔ وہ مجھے ایک لڑکے کی کہانی سنا رہا تھا جسے اس نے کسی کام کے لیے کرائے پر لیا تھا اور لڑکے نے اسے بڑا بُرا چمکہ دیا تھا۔ کہانی ختم کرتے ہوئے وہ مسکرا دیا تھا۔ میں نے اسے چھوڑ دیا اور پیسے بھی واپس نہیں لیے۔ 'جا' بیوقوف اپنا پیٹ بھر!''

اُسے دیکھ کے مجھے ڈُوما کے ''شریف دل'' ہیرو یاد آ گئے۔ ہم نے ایک

ساتھ اسپتال چھوڑا اور جب ہم شہر کے باہر خیمے میں بیٹھے تھے تو اس نے مجھے خربوزے کھلائے اور یہ تجویز پیش کی' آؤ پھر ایک دن میرے ساتھ چلو' اکٹھے چل کے چوری کریں۔ میں سمجھتا ہوں تم کام ٹھیک ٹھاک کرلو گے۔''

میں اس تجویز پر بہت خوش ہوا لیکن اس وقت تک مجھے پتہ چل گیا تھا کہ میں چوری اور ڈاکے سے بہتر کام کرسکتا ہوں۔

چنانچہ میں یہ کہوں گا کہ آوارہ گردوں کی طرف میرے میلان کی وجہ یہ ہے کہ میں نچلے متوسط طبقے کے ذلیل اور پست نمونوں کے بجائے ''غیر معمولی'' آدمیوں کی تصویر کشی کرنا چاہتا تھا۔ اس میں کچھ غیر ملکی اور خاص طور پر فرانسیسی ادب کا اثر بھی شامل ہے جو روسی ادب سے زیادہ رنگین اور خوش دل ہے لیکن سب سے زیادہ جس چیز نے مجھے اس طرف مائل کیا، وہ اپنے تخیل سے اس ''غربت زدہ'' اور تھکا دینے والی زندگی کو سنوارنے کی خواہش ہے جس کے بارے میں میری پندرہ سالہ نامہ نگار نے لکھا ہے۔

جیسا میں کہہ چکا ہوں اس خواہش کا نام رومانیت ہے۔ میرے نزدیک انسان سے آگے اور کوئی تصور یا خیال نہیں ہے۔ میرے نزدیک انسان اور صرف انسان سب چیزوں اور سب خیالات کا خالق ہے۔ وہ معجزے دکھانے والا ہے اور فطرت کی ساری طاقتوں کا آئندہ مالک اور آقا۔ ہماری دنیا میں سب سے حسین چیزیں وہ ہیں جو انسان کی محنت نے انسان کے ہنر مند ہاتھوں نے بنائی ہیں۔ ہمارے سارے خیالات محنت کے عمل سے پیدا ہوئے ہیں جیسا کہ فنون، سائنس اور مشین سازی کی تاریخ سے ظاہر ہے۔ خیالات حقائق سے پیدا ہوتے ہیں۔ میں انسان کے سامنے سر جھکاتا ہوں کیونکہ انسان کی عقل اور تخیل کی تجسیم سے آگے میں

دنیا میں نہ کچھ دیکھتا ہوں نہ محسوس کرتا ہوں۔

اور اگر مقدس چیزوں کا ذکر ضروری سمجھا جائے تو صرف ایک چیز مقدس ہے۔ انسان کا اپنے آپ سے غیر مطمئن ہونا اور بہتر بننے کے لیے جدوجہد کرنا۔ اسی طرح مقدس ہے اس کی نفرت ان تمام مجہول اور فضول چیزوں سے جو اس نے خود بنائی ہیں، مقدس ہے اس کی یہ خواہش کہ سطح زمین سے لالچ، حسد، جرم، بیماری، جنگ اور آپس کی دشمنی کو مٹا دے اور مقدس ہے اس کی محنت۔

☆ ...... ☆ ...... ☆

''مصنف کے پیشے کے متعلق چند باتیں''

(۱۹۳۰)

''فوما گوردے یف'' میں یاکوف مایاکن کا حصہ بہت اہم ہے۔ وہ رسیوں کے کارخانے کا مالک ہے۔ وہ ایک ''آہنی انسان'' ہے۔ لیکن ساتھ ہی ذہین بھی ہے۔ وہ اپنے تنگ اور ذاتی مفاد سے باہر نکل کے بڑے پیمانے پر سوچنے کی صلاحیت بھی رکھتا ہے۔ وہ سیاسی اعتبار سے بیدار ہے اور اپنے طبقے کی اہمیت اور معنویت سے واقف ہے۔

اصلی زندگی میں مجھے کوئی آدمی ایسا نہیں ملا جس کے دماغ کا نقشہ ایسا ہو جیسا میں نے مایاکن میں دکھایا ہے۔ ادب میں مجھے صرف ایک مثال معلوم تھی۔ جہاں سیاسی باتیں سوچنے والے تاجر کی تصویر پیش کی گئی ہے۔ یہ بوبوری کن کے نام کے ناول کا کردار واسیلی تیرکن ہے۔

یاکوف مایاکن کی تشکیل کن عناصر سے ہوئی؟ سب سے پہلی بات تو یہ ہے کہ میں ''آقاؤں'' سے اچھی طرح واقف تھا، میں جانتا تھا کہ ان کی بنیادی خواہش یہ ہے کہ دوسرے ملکوں کی محنت کے سہارے سے زندہ رہیں اور ان کا راسخ عقیدہ

ہے کہ مالکوں کی حیثیت سے یہ ان کا حق ہے۔ اس کا تجربہ مجھے براہ راست کئی شکلوں میں ہوا ہے۔ ابھی میں بالکل لڑکا ہی تھا، جب میں نے محسوس کیا کہ میرا مالک مجھے اپنے سے کم تر چیز اور نیم انسان سمجھتا ہے، یا کوئی ایسی چیز جو اس کے ہاتھوں میں دے دی گئی ہے کہ وہ جو چاہے کرے لیکن اس کے ساتھ ہی اکثر مجھے یہ معلوم ہوتا تھا کہ میں اپنے مالک سے زیادہ باتیں جانتا ہوں اور بعض اوقات تو یہ محسوس ہوتا تھا کہ میں ذہین بھی زیادہ ہوں۔ لیکن ساتھ ہی ساتھ میں یہ دیکھے بغیر بھی نہ رہ سکا کہ میرا مالک مجھے ہر بات میں جھڑکتا تو رہتا ہے لیکن مجھے کام کرنا بھی سکھا رہا ہے۔ محنت کی فیصلہ کن ثقافتی اہمیت میں نے بڑی جلدی سمجھ لی۔ جیسے ہی مجھے کام میں لطف آنا شروع ہوا اور مجھے یہ پتہ چلا کہ لکڑیاں چیرنے، زمین کھودنے اور روٹی پکانے میں بھی اتنا ہی لطف آ سکتا ہے، جتنا گیت گانے میں۔ ویسے ہی یہ بات میری سمجھ میں آ گئی۔ اس بات سے میں یہ ظاہر کرنا نہیں چاہتا کہ میرے مزاج میں کوئی خاص اہلیت ہے، ہر آدمی خاص بن سکتا ہے بشرطیکہ وہ اس کے لیے مناسب طور سے کوشش کرے۔ میں ایک سیدھا سادا تندرست لڑکا تھا جس کے پاس قوت کا ایک بڑا افراواں ذخیرہ تھا جو ظاہر ہونے کے لیے، برسرکار آنے کے لیے اور اپنے گردوپیش پر اثرانداز ہونے کے لیے مچل رہا تھا۔ یہ قوت کی بنیادی صفت ہے بلکہ یہ تو قوت کی عین فطرت ہے۔ اس کے علاوہ کتابوں سے مجھے محنت کی تنظیمی قوت کے سمجھنے میں بڑی مدد ملی، خاص طور پر سے چار کتابوں نے اس بارے میں بڑا کام کیا۔ ایک تو بروی فلروسکی کی ''سماجی سائنس کی ابجد'' دوسری ڈرنیپر کی ''یورپ کی ذہنی نشوونما کی تاریخ'' تیسری دول کی 'استقرائی سائنس کی تاریخ'' اور چوتھی جوانس شیر کی ''جرمن کلچر کی تاریخ'' ان کتابوں میں حقائق کا خزانہ ہے اور میرے ذاتی

تجربات کے ساتھ مل کر انہوں نے میرے اندر ایک مضبوط یقین پیدا کر دیا کہ محنت انسانی تہذیب کی نشو ونما کی بنیاد ہے اور اس بات کی اہمیت ہر اُس مزدور کو اچھی طرح ذہن نشین کر لینی چاہیے جو محض احمق اور بدھو نہیں ہے۔

مالکوں کے بارے میں مجھے جو کچھ واقفیت ہے اس کا زیادہ حصہ مجھے ۱۸۹۶ء میں حاصل ہوا۔ اس سال نژنی نو دو گورد و میں تمام روس کی ایک نمائش ہوئی اور صنعت اور تجارت کی انجمن کا اجلاس بھی ہوا۔ آوڈیسا نیوز کے نامہ نگار اور نژنی نو وگورد و ہیرلڈ کے رپورٹر کی حیثیت سے میں اس اجلاس میں شریک ہوا۔ میں نے غیر ملکی تجارت، چنگی اور محصول مالی پالیسی وغیرہ مسائل پر بحث و مباحثہ سنا۔ وہاں میں نے روس کے ہر حصہ کی بڑی بڑی صنعتوں کے نمائندوں کا مجمع دیکھا اور ''زراعتی'' پارٹی والوں سے ان کی پُر جوش بحثیں سنیں۔ ان کی تقریروں کی ساری باتیں میری سمجھ میں نہیں آئیں، لیکن اصلی اور خاص بات میری گرفت میں آ گئی۔ یہ لوگ گویا عاشق تھے اور اس مالدار حسینہ رُوس پر فریفتہ تھے، یہ لوگ اس سے عشق لڑا رہے تھے اور جانتے تھے کہ پہلے اسے نکولائی رومانوف (یعنی زار) کے قبضے سے چھڑانا ہے۔

جب کبھی میں نمائش میں جاتا تھا ہر دفعہ میری ملاقات کسی ایسے آدمی سے ہوتی تھی جو مالکوں کے خیالات و احساسات کی تنظیم میں مصروف ہوتا تھا وہ بالکل مایاکن سے مشابہ ہوتا تھا اور مجھے یقین ہے کہ بالکل اسی قسم کے آدمی تھے جنہوں نے آٹھ سال بعد "Black Hundreds" کی صوبہ جاتی شاخوں میں نمایاں حصہ لیا لیکن ان تمام باتوں کے باوجود یاکوف مایاکن کی تصویر کشی کے لیے مجھے ان لوگوں سے کافی مواد حاصل نہیں ہوا۔

اُس اسکیچ میں جس کا نام ''بُوگروف'' ہے ہیرو کہتا ہے:

''مایاکن بڑا غیر معمولی آدمی ہے میں نے خود تو ایسا آدمی کبھی نہیں دیکھا لیکن میں محسوس کرتا ہوں کہ ایسا آدمی ضرور موجود ہوگا۔''

میں اس کا تذکرہ اس لیے نہیں کرر ہا کہ اس میں میری تعریف پائی جاتی ہے بلکہ اس وجہ سے کہ بہت سی چھوٹی چھوٹی تفصیلات کو جوڑ جوڑ کر متوسط درجے کے ایک کارخانے دار کی کم وبیش مکمل اور زندہ تصویر بنانے میں مَیں نے جو قاعدہ استعمال کیا ہے۔ یہ بات اس قاعدے کی درستی کے ثبوت کی حیثیت سے معروضی قدروقیمت رکھتی ہے۔

وہ قاعدہ بڑا سیدھا سادا تھا۔ نیتشے جس قسم کے سماجی فلسفے کا پرچار کرتا ہے، میں نے کچھ اسی قسم کا فلسفہ مایاکن سے منسوب کردیا۔ ایک نقاد نے اس ''جعل سازی'' کو دیکھ لیا اور مجھے نیتشے کی تعلیمات کی طرف میلان رکھنے پر ڈانٹا۔ یہ الزام بے بنیاد تھا، میں تو عوام کا آدمی تھا اور جس قسم کے ''ہیروں'' کی مدح وثنا لاوروف، میخائیلوفسکی اور کارلائل کرتے ہیں وہ مجھے ذرا بھی اپنی طرف نہیں کھینچتے اور نہ اس ''بزرگ ترین اخلاقیات'' میں میرے لیے کوئی کشش ہے جس کی تبلیغ نیتشے انتہائی دلکش صورت میں کرتا تھا۔

نیتشے کے سماجی فلسفے کے معنی بالکل صاف اور سیدھے سادھے ہیں۔ زندگی کا اصلی مقصد اُونچی قسم کے آدمی کا نمونہ یا ''فوق الانسان'' پیدا کرنا ہے۔ اس کی ایک لازمی اور ناگزیر شرط غلامی کا وجود ہے۔ قدیم یونان نے بے نظیر بلندیاں حاصل کرلیں کیونکہ اس کی بنیاد غلامی کے ادارے پر تھی، اس کے بعد سے عیسوی جمہوریت کے زیر اثر انسانیت کے کلچر کی ترقی نہ صرف رک گئی بلکہ برابر پستی کی

طرف جا رہی ہے، محنت کش عوام کی سیاسی اور سماجی تعلیم و تربیت یورپ کو گرتے گرتے وحشت و بربریت کی حالت میں پہنچ جانے سے نہیں روک سکتی جب تک کہ یورپ قدیم یونانی کلچر کی بنیادوں کو پھر سے قائم نہ کرے اور اس غلامانہ اخلاقیات کو نکال نہ پھینکے جو سماجی مساوات کے اصول میں مضمر ہے۔ انسانیت کو جی کڑا کر کے یہ تسلیم کر لینا چاہیے کہ انسان ہمیشہ دو گروہوں میں بٹے رہے ہیں ایک تو مضبوط آدمیوں کی اقلیت جنہیں یہ طاقت حاصل ہے کہ وہ جو جی چاہے کریں اور دوسرے کمزور آدمیوں کی اکثریت جن کا وجود صرف اس لیے ہے کہ وہ غیر مشروط طریقے پر مضبوط لوگوں کا کہنا مانیں۔

ایک ایسے آدمی کا یہ فلسفہ جو اپنی عمر کے آخر میں پاگل ہو گیا تھا۔ ''مالکوں'' کا اصلی فلسفہ تھا اور اس میں ذرا بھی جدت نہیں تھی۔ اس کے اصول افلاطون کے یہاں ملتے ہیں، یہی فلسفہ ریناں کے ''فلسفیانہ ڈراموں'' کی بنیاد تھا اور مولیئر ز بھی اس سے بیگانہ نہیں ہے۔ یہ ایک بہت پرانا فلسفہ ہے۔ اس کا مقصد مالکوں کی قوت کو صحیح ثابت کرنا ہے اور مالک لوگ اسے کبھی نہیں بھولتے۔ نیتشے کے یہاں تو غالباً یہ فلسفہ جرمن سماجی جمہوریت کی پیدائش کی وجہ سے ابھر آیا تھا۔ ہمارے زمانے میں یہ فلسفہ فسطائیوں کی دل پسند روحانی غذا ہے۔

میں اس فلسفے سے پہلی بار ۱۸۹۳ء میں ان طالب علموں کے ذریعے روشناس ہوا جنہیں اسی زمانے میں یاروسلاول کے کالج سے نکالا گیا تھا۔ ان میں سے دو تین طالب علم اور میں وکیلوں کے دفتروں میں کلرک تھے۔ لیکن اس سے بھی پہلے ۹۰۔۱۸۸۹ء کے جاڑوں میں میرے دوست واسیلی ایف نے نیتشے کی بہترین تصنیف ''زرتشت نے کہا'' کا ترجمہ روسی میں کیا تھا اور مجھے نیتشے کے بارے میں

کچھ بتایا تھا۔ اس نے بیان کیا تھا کہ نیتشے کے فلسفے میں ''بڑی حسین کلبیت'' ہے۔

اگر میں نے مالکوں کے قدیم فلسفے کی چند خصوصیات ایک روسی کارخانے دار سے منسوب کر دیں تو میرے پاس ایک بڑا معقول اور جائز سبب موجود تھا۔ ''طبقاتی اخلاقیات'' اور ''بزرگ ترین اخلاقیات'' بین الاقوامی چیزیں ہیں۔ نیتشے مضبوط انسان کو آدمی پر اس وقت وار کرنے کی تلقین کرتا تھا جب وہ نیچے پڑا ہوا۔ یہ ''بزرگ ترین اخلاقیات'' کے بنیادی اصولوں میں سے ایک ہے۔ نیتشے عیسائیت کو ''غلامانہ اخلاقیات'' کہتا تھا۔ اس کا خیال تھا کہ عیسائیت بڑی ضرر رساں ہے کیونکہ یہ ان لوگوں کی حمایت کرتی ہے جو نیچے گرے پڑے ہوں، کمزوروں کی طرف داری کرتی ہے اور مضبوط لوگوں کی قوت کو بے فائدہ ضائع اور برباد کرتی ہے۔

لیکن پہلی بات یہ ہے کہ صرف کمزور ہی نیچے گرے ہوئے نہیں ہوتے تھے بلکہ بعض وقت مضبوط لوگ بھی اس حالت میں ہوتے تھے اور جیسا کہ میں خوب اچھی طرح جانتا تھا وہ اس گری ہوئی حالت میں اس وجہ سے ہوتے تھے کہ مالکوں نے انہیں مار کے نیچے گرا دیا تھا۔

دوسری چیز یہ ہے کہ ''مالک'' کمزوروں کی مدد صرف اسی وقت کرتے تھے جب کمزور بالکل بے ضرر ہوں، یعنی جسمانی طور سے بے مصرف، بیمار اور غربت زدہ۔ وہ مدد یہ ہوتی تھی کہ ان لوگوں کے لیے اسپتال اور خیرات خانے کھول دیئے جائیں لیکن ان کمزور لوگوں کے لئے جو ایسے ''قانونوں اور ایسی ''اخلاقیات'' کا مقابلہ کرنے کی ٹھان لیتے تھے صرف قید خانے بنائے جاتے تھے۔ میں نے ان بے رحمانہ لڑائیوں کے بارے میں بہت کچھ پڑھا تھا جو شہروں کے مضبوط عیسائیوں اور دیہاتوں کے اتنے ہی مضبوط اور عیسائی جاگیردار مالکوں میں ہوا کرتی تھیں۔ یہ

لوگ اپنے اپنے طریقے پر ایک دوسرے کو ہڑپ کر جانے کی فکر میں لگے رہتے تھے۔ زِمرمین کی جرمنی میں کسانوں کی لڑائیوں کی تاریخ سے مجھے معلوم ہوا تھا کہ شہر والے اور نائٹ لوگ کسانوں کو ختم کر دینے کے لیے کس طرح متحد ہو گئے تھے اور انہوں نے Taborites کو کس طرح کچلا تھا۔ یہ Taborites وہ لوگ تھے جنہوں نے انجیل میں ابتدائی اور قدیمی کمیونزم کا حال پڑھا تھا اور ان خیالات کو عمل میں لانے کی کوشش کی تھی۔ آخری بات یہ ہے کہ مجھے مارکس کی تعلیمات سے تھوڑی بہت واقفیت تھی۔ ''بزرگ ترین اخلاقیات'' میرے لیے اتنی ہی قابل نفرت تھی۔ جتنی غلامانہ اخلاقیات، میں نے اپنے لیے ایک تیسرا اخلاقی اصول وضع کیا تھا۔ آدمی کی اس وقت مدد کرو جب وہ اوپر اٹھ رہا ہو۔''

اس کے علاوہ میں نے چھوٹی چھوٹی سراؤں اور خانقاہوں کی اقامت گاہوں میں بہت سے ناکام اور شکست خوردہ آدمی دیکھے تھے۔ یہ سب ایسے آدمی تھے جو ''مالکوں'' سے غیر مساویانہ جدوجہد میں شکست کھا چکے تھے یا زندگی کے گھٹیا اور مبتذل عیش و آرام کے مقابلے میں خود اپنی کمزوری کے ہاتھوں یا اپنی غیر معتدل خود پسندی اور غرور کی وجہ سے ہار چکے تھے۔

میرے معترض مجھے یہ الزام دیتے تھے کہ میں نے اپنے آوارہ گردوں کو مثالی نمونہ بنا کر پیش کیا ہے اور میں نے اس طبقے سے ہر طرح کی بے بنیاد اور کبھی پوری نہ ہونے والی امیدیں وابستہ کر دی ہیں بلکہ وہ لوگ تو یہاں تک کہتے تھے کہ میں نے ان آوارہ گردوں کے اندر نیتشے کی قسم کے احساسات دکھائے ہیں۔

کیا میں انہیں مثالی نمونہ بنا کر پیش کر رہا تھا؟ یہ غلط ہے۔ نہ میں ان سے کوئی اُمیدیں وابستہ کر رہا تھا لیکن میں اس بات سے انکار کرنے کا بالکل ارادہ نہیں

رکھتا کہ میں نے کچھ نیتشے کی قسم کا فلسفہ ان سے منسوب کیا تھا جس طرح مایا کن سے
لیکن میں یہ بھی نہیں کہتا کہ میں نے یہ بات جان بوجھ کے کی تھی۔ لیکن میرا دعویٰ
ہے کہ جب میں نے ان نامراد لوگوں سے نیتشے کی قسم کی نراجیت یا شکست خوردہ
لوگوں کی نراجیت منسوب کی تو مجھے اس کا پورا پورا حق تھا۔ کیوں؟

کیونکہ ان نامراد اور افلاس زدہ لوگوں میں جنہیں زندگی نے ''باقاعدگی''
کی سرحدوں سے نکال کر گھٹیا سراؤں میں پھینک دیا تھا اور پڑھے لکھے اور ذی عقل
مگر شکست خوردہ لوگوں کے خاص خاص گروہوں میں بڑے قریبی روحانی رشتے کی
نمایاں علامتیں نظر آتی تھیں۔ میرا دعویٰ صرف اتنا تھا کہ ہر مصنف کو یہ حق حاصل
ہے کہ اپنے خام مواد کو منطقی اعتبار سے اس کے آخری نقطے تک پہنچا دے اور مجھے
معلوم ہوتا ہے کہ آخر کار واقعات نے میرے پیشے کی اس رمز کو سچ ثابت کر دکھایا۔
میر ایا کوف مایا کن جو ''مالکوں'' میں سے ایک تھا، ۶-۱۹۰۵ کے پہلے انقلاب میں
''اکتوبر والوں'' کے ساتھ شامل تھا اور اکتوبر ۱۹۱۷ء کے بعد وہ مزدور طبقے کے لیے
بے رحم، بے حیا اور ڈھیٹ دشمن کی شکل میں ظاہر ہو۔

☆......☆......☆

باب دوم

روسی مصنفوں کے بارے میں

۳

پشکن، گوگول اور دوسرے

۱۹۳۷ء

آرٹ، سائنس اور صنعت کلچر کی بنیادیں ہیں اور اگر ہم خلوص کے ساتھ چاہتے ہیں کہ اپنی زندگی کو حسین، احساس منداور مالا مال بنائیں تو ہمیں چاہیے کہ اپنے آپ کو آرٹ سائنس اور صنعت کے لیے وقف کر دیں۔

روسی قوم اب آزاد ہو چکی ہے۔ اس کے ہاتھ کھل گئے ہیں، اس کی روح سے ظلم و جبر کا خوفناک بوجھ اُٹھ گیا ہے۔ اب ہر آدمی کو یہ حق مل گیا ہے کہ جس کام سے اسے محبت ہے اس کے لیے اپنا دل و دماغ وقف کر دے اور اب ہر آدمی تاریخ اور دنیا ضمیر کے سامنے اپنے لیے صرف اپنے آپ جواب دہ اور ذمہ دار ہے۔

دنیا اس انتظار میں ہے کہ دیکھیں روس ہمیں کیا دیتا ہے۔ روسی قوم کا دل کیا نیا لفظ کہے گا؟ وہ کون سے نئے حسن کی تخلیق کرے گا؟

(اس کے بعد گورکی ملک کی زندگی پر جابرانہ حکومت اور رومانوف خاندان کی جرمنوں کی طرفداری والی تباہ کن پالیسی کے مضرت رساں اثر کا ذکر کرتا ہے جس سے روس اقتصادی بربادی کے قریب پہنچ گیا تھا اور جس کی وجہ سے روس کو جنگ میں اتنی شکستیں برداشت کرنی پڑیں۔)

۔۔۔آرٹ یا دل کے تخلیقی کام کے ضمن میں رُوسی قوم نے غیر معمولی جوہر دکھائے ہیں، اور انتہائی خوفناک حالات میں ایک شاندار ادب، بڑی غیر معمولی تصویریں اور ایک بالکل نئی قسم کی موسیقی پیدا کی ہے جس سے تمام دنیا حظ اٹھاتی ہے۔ حالانکہ قوم کا منہ بند تھا اور اس کی روح کے پر کٹے ہوئے تھے لیکن اس کے دل نے درجنوں عظیم فنکار، الفاظ، رنگ اور آواز کے بادشاہ پیدا کیے ہیں۔

ایک تو وہ دیوقامت ہستی پوشکن ہے جس پر ہمیں سب سے زیادہ ناز ہے اور جو روس کی رُوحانی قوتوں کا سب سے مکمل اظہار ہے۔ اس کے علاوہ وہ معجز نگار گلنکا اور قابل تعریف بریولوف ہیں۔ گوگول ہے جو خود اپنے لیے بھی بے رحم ہے اور دوسروں کے لیے بھی۔ حسرت کا شکار لیرمونتوف ہے، افسردگی کا مارا تورگینیف ہے، غیظ آلود نیکراسوف ہے، عظیم الشان باغی ٹولسٹوئے ہے، ہمارا بیمار ضمیر دوستوئفسکی ہے، کراسکوئے اور ریپن ہیں، بے مثال موسورگسکی ہے، لیسکوف ہے جس نے اپنی ساری طاقت اور ساری زندگی ''مثبت قسم'' کے روسی کی تخلیق میں صرف کر دی۔

زبان کا جادوگر اوسترووفسکی ہے۔ یہ سب ایک دوسرے سے اتنے مختلف ہیں کہ ایسا فرق صرف روس ہی میں ممکن ہے جہاں ایک ہی نسل کے لوگوں میں اتنی مختلف اور متفرق ذہنیتوں کے آدمی ملتے ہیں کہ معلوم ہوتا ہے وہ مختلف صدیوں سے تعلق رکھتے ہیں۔

یہ ساری بڑی بڑی چیزیں روس میں سو سال سے بھی کم میں پیدا ہوئی ہیں۔ ہم اس بات سے بے انتہا خوش ہیں۔ ہم فخر کے مارے پھولے نہیں سماتے، صرف اس وجہ سے نہیں کہ انیسویں صدی میں روس نے ہنرمند اور جوہر والے لوگ بڑی کثرت سے پیدا کیے ہیں بلکہ ہماری خوشی کی ایک وجہ یہ بھی ہے کہ ان جوہر والے لوگوں میں تنوع بڑا حیرت انگیز ہے۔ ہمارے نقادوں اور مورخوں نے ابھی اس تنوع پر پورا زور نہیں دیا۔

رُوسی روح کے اس عجیب وغریب حسن کے ساتھ چمک اٹھنے اور اس کے تنوع پر فخر کرنے کا ہمیں ہر ایک حق حاصل ہے۔ میری دعا ہے کہ اس سے اپنے ملک کی روحانی قوتوں پر ہمارا یقین اور مضبوط ہو! تخلیق کا یہ حیرت انگیز دھارا بڑی ناقابلِ بیان طور پر مشکل حالات میں پھوٹ کر نکلا ہے اور تحیر افزا تیز رفتاری کے ساتھ جاری ہوگیا ہے۔ روسی آرٹ سب باتوں سے زیادہ دل کا آرٹ ہے، انسانیت سے رومانی محبت ہمیشہ اس میں فروزاں رہی ہے اور کبھی نہیں بجھی۔ اس محبت کی آگ ہمارے چھوٹے بڑے تمام فنکاروں کے کارناموں کو روشن کر رہی ہے۔ چاہے تو ادب میں دیکھ لیجئے، چاہے مصوری میں چاہے موسیقی میں اور یہ صرف ہماری سماجی رومانیت کا صدقہ ہے کہ ہم ابھی تک زندہ ہیں اور ختم نہیں ہوئے، نہ تو

ظلم و ستم ہمیں کچل سکا نہ استبداد ہمیں تباہ کر سکا۔

ہماری قوت کا دل سمندر کی طرح گہرا ہے اور جب اس کی گہرائیاں متلاطم ہو جاتی ہیں تو پھر ہم نہیں کہہ سکتے کہ اس سے کیا پیدا ہوگا لیکن ماضی پر نظر ڈالتے ہوئے ہم یہ دعویٰ کر سکتے ہیں کہ ہمیں اپنی قوم کی تخلیقی قوتوں، اس کی ذہانت اور اس کے ارادے کی طاقت پر مقدس یقین رکھنے کا ہر ایک حق حاصل ہے۔

☆......☆......☆

۴

لیوٹولسٹوئے

(گورکی کے ایک خطہ سے جو اُس نے کورولنکو کے نام لکھا تھا
اور کبھی ڈاک میں نہیں ڈالا)

۱۹۱۰ء

لیوٹولسٹوئے کا انتقال ہو گیا۔

میرے پاس ایک تار آیا ہے جس میں بڑے عامیانہ الفاظ میں یہ اطلاع
درج ہے کہ اس کا انتقال ہو گیا۔

اس خبر سے میرے دل پر چوٹ لگی ہے۔ میں رنج اور کرب کے مارے
رونے لگا اور اب میں کچھ مخبوط الحواس سا ہو رہا تھا۔ اس کی شکل میری آنکھوں کے
سامنے پھر رہی ہے کہ میں نے اسے یوں دیکھا تھا اور میں اسے یوں جانتا تھا اور میرا
جی چاہتا ہے کہ اس کے بارے میں باتیں کروں۔ میں اس کا تصور تابوت کے اندر
کرتا ہوں۔ وہ اس میں اس طرح لیٹا ہے جیسے دریا کی تہہ میں کوئی چکنا پتھر اور مجھے
یقین ہے کہ اس کی سفید داڑھی نے اس کی ہلکی سی بیگانہ اور دھوکے میں ڈالنے والی

مسکراہٹ کو چھپا رکھا ہے اور اس کے ہاتھ آخر کار پُر سکون ہیں اور جڑے ہوئے اس کے سینے پر رکھے ہیں۔۔ وہ اپنی قید بامشقت کا زمانہ کاٹ چکے ہیں۔

مجھے اس کی تیز آنکھیں یاد ہیں جو ہر چیز کے اندر گھس جاتی تھیں، اس کی انگلیوں کا ہلنا یاد ہے جو ہمیشہ ہوا میں کسی چیز کو گوندھتی معلوم ہوتی تھیں۔ اس کی باتیں، اس کے چھوٹے چھوٹے لطیفے، کسانوں کی زبان کے وہ الفاظ جو اسے بہت پسند تھے اور اس کی عجیب وغریب آواز جس کی تعریف ناممکن، یہ سب چیزیں اچھی طرح یاد ہیں اور میں دیکھتا ہوں کہ کس قدر زندگی اس شخص کی گرفت میں تھی وہ کس طرح انسانوں سے زیادہ عقل مند تھا اور کتنا پُر اسرار تھا۔

ایک دن میں نے اسے ایسی حالت میں دیکھا جس طرح شاید کسی نے بھی نہیں دیکھا ہے۔ میں اسے ملنے جا رہا تھا جب میں گاسپرا کی طرف لپکا جا رہا تھا جو سمندر کے ساحل پر چٹانوں کے درمیان واقع ہے تو مجھے اس کا چھوٹا سا ہڈیاں نکلا ہوا جسم نظر آیا جو شکنوں دار بھوری قمیص اور پھٹی پرانی ٹوپی میں ملبوس تھا وہ وہاں بیٹھا ہوا تھا اس کے ہاتھ اس کے رخساروں کی ہڈیوں کے نیچے ٹکے ہوئے تھے اور اس کے چاندی جیسے داڑھی کے بال انگلیوں کے بیچ میں ہو کر اُڑ رہے تھے۔ وہ سمندر کی طرف دیکھ رہا تھا اور اس کے پیروں کے پاس چھوٹی چھوٹی سبز لہریں بڑی فرماں برداری کے ساتھ بہہ بہہ کر آ رہی تھیں اور ایک دوسرے کے اوپر اس طرح لدتی چلی جا رہی تھیں جیسے وہ اس بڈھے عارف کو کچھ اپنے بارے میں بتانے آ رہی ہوں۔ دن کچھ ابر آلود تھا، بادلوں کے سائے چٹانوں پر آ جا رہے تھے چٹانوں اور اس بڈھے پر کبھی تو دھوپ ہو جاتی تھی اور کبھی سایہ۔ چٹانیں بڑی بڑی تھیں، ان

میں جگہ جگہ شگاف ہو رہے تھے اور وہ سمندری گھاس سے ڈھکی ہوئی تھیں جس میں سے جوار بھاٹے کے اُتر جانے کے بعد والی سمندری بو آ رہی تھی۔ مجھے ایسا معلوم ہوا کہ وہ بھی ایک چٹان ہے جو زندہ ہوگئی ہے جو ازل سے ابد تک سب باتیں جانتی ہے اور یہ سوچ رہی ہے کہ چٹانوں، زمین کی گھاسوں، سمندر کی لہروں، انسان اور پتھروں سے لے کر سورج تک ساری دنیا کا خاتمہ کب اور کس طرح ہوگا۔ سورج اس کی روح کا ایک حصہ معلوم ہوتا تھا اور چاروں طرف ہر چیز اس سے متعلق اور اس کا ایک جز معلوم ہوتی تھی۔ بڈھے کا اس طرح افسردگی کے ساتھ بے حس و حرکت بیٹھے ہونا بالکل ایک سحر کی طرح تھا ایک مذہبی دعا کی طرح اپنے نیچے کی تاریکیوں میں اتر جانے کی مانند زمین کے اوپر نیلگوں خلا میں تلاش اور جستجو کے لیے چڑھ جانے کی مانند، گویا یہ آدمی۔۔۔ اس کی مرتکز قوت ارادی۔۔ لہروں کو گھٹا اور بڑھا رہی تھی۔ بادلوں اور سایوں کی نقل و حرکت پر حاوی تھی جو چٹانوں کو ہلا ہلا کر بیدار کرتے معلوم ہو رہے تھے اور یکا یک ایک مجنونانہ لمحے میں میں نے تقریباً یہ خیال کیا کہ اب وہ اٹھ کر اپنا ہاتھ ہلائے گا اور سمندر جم کے شیشہ بن جائے گا، چٹانیں چلنے لگیں گی اور چیخیں ماریں گی۔ ہمارے چاروں طرف سب چیزیں زندہ ہو جائیں گی اور شور و غل مچائیں گی اور بہت سی آوازوں میں اپنے بارے میں اس کے بارے میں اور اس کے خلاف بولیں گی جو کچھ میں نے اس وقت محسوس کیا، اسے میں لفظوں میں بیان نہیں کرسکتا، یہ کیفیت ڈرانے والی بھی تھی اور رُوح کو بالیدگی بخشنے والی بھی تھی اور پھر یہ سب کیفیتیں گھل مل کر ایک مسرت انگیز خیال بن گئیں جب تک یہ آدمی سطح زمین پر چل رہا ہے میں یہاں یتیم نہیں ہوں!

میں اس کے خیالات میں مخل نہیں ہونا چاہتا تھا، اس لیے میں بڑی احتیاط سے قدم رکھتا ہوا کہ میرے پیروں سے کنکر نہ بجنے لگیں وہاں سے کھسک آیا۔ اب میں محسوس کرتا ہوں کہ میں یتیم ہو گیا، یہ خط لکھتے ہوئے میں رو رہا ہوں، اپنی زندگی بھر میں مَیں کبھی اتنی تلخی، اتنی مایوسی اور اتنی بے بسی سے نہیں رویا۔ میں نہیں کہہ سکتا کہ مجھے اس سے محبت تھی یا نہیں لیکن کیا یہ کوئی بڑی اہم بات ہے کہ میں اس سے محبت کرتا تھا یا نفرت؟ وہ میری روح کے اندر ہمیشہ بڑے زبردست اور عجیب و غریب جذبات اور ہیجانات پیدا کر دیتا تھا۔ یہاں تک کہ اس کی پیدا کی ہوئی ناخوشگوار اور معاندانہ چیزیں بھی ایسی شکلیں اختیار کر لیتی تھیں جو مایوس کن نہیں تھیں بلکہ معلوم ہوتا تھا کہ وہ میری رُوح کی حدود کو توڑ توڑ کر انہیں وسعت دے رہی ہیں، میری روح کو زیادہ حساس بنا رہی ہیں، اور اس کی صلاحیتوں کو بڑھا رہی ہیں۔ جب وہ کسی دروازے میں سے یا کسی نکڑ کے پیچھے سے یکا یک نمودار ہو جاتا تھا تو اسے دیکھنے میں بھی ایک کیفیت حاصل ہوتی تھی۔ وہ اپنے پیر اس طرح چلاتا تھا جیسے حاکمانہ انداز سے سڑک کی ناہمواریوں کو درست کر رہا ہو اور پھر ایسے آدمی کے ہلکے پھلکے اور تیز قدموں سے لُطف آتا تھا جو اس زمین پر چلنے کا اچھی طرح عادی ہو۔ وہ اپنی بڑی بڑی انگلیاں پیٹی میں ٹھونس لیتا تھا، ایک لمحے تک رُک کر چاروں طرف تیزی سے نظر دوڑاتا تھا اور فوراً کے فوراً ہر نئی چیز دیکھ لیتا تھا اور اس کے معنی کی تہہ کو پہنچ جاتا تھا۔

"صبح بخیر!"

میں اس کے سلام کا ہمیشہ اس طرح ترجمہ کرتا تھا۔ مجھے تو اس میں بڑا مزا

ملتا ہے لیکن تمہارے لیے اس میں کوئی خاص بات نہیں ہے لیکن پھر بھی ''صبح بخیر۔''

اور اگر کبھی یہ محسوس ہوتا تھا کہ وہ دراصل اتنا بڑا آدمی نہیں ہے تو دوسرے لوگ فوراً اور بھی چھوٹے ہوجاتے تھے۔ اس کی کسانوں جیسی داڑھی اس کے کھردرے اور غیر معمولی ہاتھوں، اس کے سیدھے سادے کپڑوں اور اس کے سارے پُرسکون اور جمہوری حلیے سے بہت سے لوگ دھوکا کھا جاتے تھے اور میں نے اکثر دیکھا کہ روسی جنہیں لوگوں سے ان کے لباس کے مطابق برتاؤ کرنے کی عادت۔۔۔ وہی پرانی غلامانہ عادت!۔۔۔ ہے، ٹولسٹوئے سے اس بدبودار اور جھوٹی سادگی سے ملتے تھے جو اصل میں مبتذل بے تکلفی ہے۔

''آہا'' آپ ہیں ہماری دولت! اچھا تو آپ ایسے ہیں! آخرکار مجھے اس قابل سمجھا گیا کہ میں اپنے وطن کے سب سے بڑے فرزند کو دیکھ سکوں خدا کرے آپ ہمیشہ تندرست رہیں، میرا اسلام قبول کیجئے!

یہ تو ماسکو کے رہنے والے روسیوں کا انداز تھا۔۔۔ سادہ بے تکلفی کا انداز۔ پھر ایک اور انداز تھا، خدا کو نہ ماننے والے روسیوں کا انداز۔

''لیونکولائے وچ! حالانکہ میں آپ کے مذہبی اور فلسفیانہ خیالات سے متفق نہیں ہوں، لیکن ایک بڑے مصنف کی حیثیت سے میں آپ کے سامنے سر تعظیم خم کرتا ہوں۔۔۔۔''

اور پھر کسانوں جیسی داڑھی اور شکن آلود جمہوری قمیص کے پیچھے یکا یک بڈھا روسی نواب اور شاندار امیر اُبھرنے لگتا تھا اور یہ 'صاف گوئی' ملاقاتی چاہے تعلیم یافتہ ہوں یا نہ ہوں، فوراً یہ محسوس کرنے لگتے تھے کہ برفانی سردی ناقابل برداشت

ہے اور ان کی ناک نیلی ہوگئی ہے۔ اپنی رگوں میں خالص ترین خون رکھنے والے اس آدمی کو دیکھنا بڑا خوشگوار تجربہ تھا اور اسی طرح اس کی حرکات کی شائستگی اور نفاست کا مشاہدہ کرنا جن سے امارت ٹپکتی تھی اور اس طرح اس کی گفتگو کے غرور آمیز ٹھہراؤ اور اس کے کسی زہر میں بجھے ہوئے جملے کی بے لاگ درستی اور صحت کا سننا بھی اس کے اندر امارت اور نوابی کی صرف اس قدر آمیزش تھی جو کفش برداروں کو اپنے مقام پر رکھنے کے لیے ضروری ہے اور جب کبھی یہ کفش بردار ٹولسٹوئے کے اندر والے نواب کو جگا دیتے تھے تو وہ نواب کا پارٹ بڑی آسانی اور آزادی سے ادا کرتا تھا اور ان کو ایسا مرعوب کر دیتا تھا کہ وہ کانپنے اور گھگیانے لگتے تھے۔

ایک دن ایسا اتفاق ہوا کہ میں ماسکو کے رہنے والے ایک 'صاف گو' روسی کے ساتھ یاسنایا پولیانا سے ماسکو واپس آ رہا تھا۔ میرے ساتھی کی حالت بڑی خستہ تھی، وہ تاسف آمیز انداز میں مسکرا رہا تھا اور بار بار کہتا تھا۔ 'افوہ! معلوم ہوتا ہے کہ ترکی حمام میں نہا لئے! بڑا سخت آدمی ہے، اُفوہ!'

اور پھر اسی دوران میں بڑے نمایاں افسوس کے ساتھ چلا اٹھا۔

''اور میں تو یہ سمجھتا تھا کہ وہ واقعی نراجی ہے! ہر آدمی یہی کہتا تھا کہ وہ نراجی ہے اور آخر مجھے بھی ان کی بات کا یقین آ گیا تھا۔''

یہ آدمی بڑا مالدار تھا، اس نے بڑے زبردست پیمانے پر کارخانے کھول رکھے تھے اس کی توند پھولی ہوئی اور چہرہ موٹا سا تھا جس کا رنگ کچے گوشت کا تھا۔۔۔ اس آدمی کو کیا فکر پڑی تھی کہ ٹولسٹوئے نراجی ہے یا نہیں؟ یہاں روسی رُوح کی ایک 'بڑی گہری پہیلی' موجود ہے۔

جب ٹولسٹوئے کسی کو خوش کرنا چاہتا تھا تو وہ کسی ہوشیار اور خوبصورت عورت سے بھی زیادہ آسانی سے ایسا کرلیتا تھا چاہے اس کے کمرے میں بہت ہی مختلف قسم کے لوگ کیوں نہ بیٹھے ہوں۔۔۔ گرانڈ ڈیوک نکولائی میخائیلووچ' رنگ ساز الیا، یالٹا کا ایک جمہوری اشترا کی جنوبی روس کے ایک خاص عیسوی فرقے کا آدمی پاتشوک، کوئی نہ کوئی موسیقی داں، ایک جرمن جو کاؤنٹس کلائن مکل کی ریاست کا انتظام کرتا تھا، شاعر بولگاکوف۔۔۔ اور یہ سب کے سب اس کی طرف حیرت زدہ اور مسحور آنکھوں سے تکتے رہتے تھے۔ چاہے وہ لاؤتسی کے فلسفے پر تقریر کررہا ہو، لیکن مجھے یہ معلوم ہوتا تھا کہ وہ ایک عجیب وغریب انسانی آرکسٹرا ہے جس میں یہ طاقت موجود ہے کہ وہ ایک ہی وقت میں مختلف ساز بجاسکتا ہے۔۔۔ پیتل کا قرنا، ڈھول، بانسری غرض کہ سب ایک ساتھ اور میں بھی اسے ایسی ہی نگاہوں سے دیکھتا رہتا تھا جیسے اور لوگ اور اب میں چاہتا ہوں کہ ایک مرتبہ پھر اس کی طرف دیکھتا رہوں، لیکن میں اسے کبھی نہیں دیکھ سکوں گا۔

کچھ اخبارنویس یہ اطلاع دیتے آئے ہیں کہ روم میں ایک تار موصول ہوا ہے جو ٹولسٹوئے کی موت کی تردید کرتا ہے۔ یہ لوگ اِدھر سے اُدھر پھرتے رہے اور بے کار بک بک جھک جھک کرتے رہے ساتھ ہی ساتھ روس کے ساتھ ہمدردی کا اظہار بھی کرتے جاتے تھے لیکن روسی اخبار شک وشبہ کی کوئی گنجائش نہیں چھوڑتے۔

رحم کے جذبے سے مجبور ہو کر بھی اس سے جھوٹ بولنا ناممکن تھا اور چاہے وہ کتنا ہی بیمار کیوں نہ ہو رحم کا جذبہ پیدا کرنے کی کبھی کوشش نہیں کرتا تھا۔ بہرحال اس جیسے آدمی پر رحم کھانا بھی بڑی بدمذاقی ہے۔ اس جیسے آدمیوں سے تو پیار اور

محبت کرنی چاہیے' اس پر بے روح اور داغ دار الفاظ کی کیچڑ نہیں اچھالنا چاہیے۔

اس نے پوچھا۔'تم مجھے پسند نہیں کرتے؟'

مناسب جواب ملا۔'ہاں، میں آپ کو پسند نہیں کرتا۔''

''تمہیں مجھ سے نفرت ہے؟''۔۔۔۔

''ہاں، آج تو آپ سے نفرت ہے۔''

وہ اپنے سوالوں میں بڑا بے رحم واقع ہوا تھا اور اس کے جوابوں میں بڑا ٹھہراؤ ہوتا تھا جو ایک عارف اور ولی کے لیے مناسب ہے۔

وہ پرانے زمانے کے بارے میں بڑے حیرت ناک اور دل کش انداز میں کہانیاں سنایا کرتا تھا وہ خاص طور سے تورگینیف کے بارے میں۔ فیت۔کے بارے میں وہ بڑے نیک دلانہ طنز کے ساتھ باتیں کیا کرتا تھا اور ہمیشہ کوئی نہ کوئی ہنسانے والی بات کہتا تھا، نیکراسوف کا ذکر وہ بڑی سرد مہری اور تشکک کے ساتھ کرتا تھا لیکن وہ سب مصنفوں کا ذکر اس طرح کرتا تھا جیسے وہ اس کے بچے ہوں اور وہ ان کا باپ اور ان کی ساری کمزوریاں جانتا ہو اور اسی لیے اچھی باتیں بتانے سے پہلے ان کی برائیوں پر زور دے رہا ہو۔ جب کبھی وہ کسی کے بارے میں کوئی مخالفانہ بات کہتا تھا تو مجھے یہ معلوم ہوتا تھا کہ وہ اپنے سامعین کے افلاس کا خیال کر کے انہیں خیرات دے رہا ہے۔ اس کی باتیں سننے سے بڑی بے چینی ہوتی تھی اس کی تیز اور ہلکی مسکراہٹ کے سامنے آنکھیں خود بخود جھک جاتی تھیں۔۔ اور کوئی بات حافظے میں محفوظ نہیں رہتی تھی۔

ایک دن اس نے بڑے جوش کے ساتھ یہ دعویٰ کیا کہ اس پنسکی نے روسی

زبان میں نہیں لکھا بلکہ تولا کی زبان میں اور اس کے اندر کوئی جوہر نہیں تھا۔ لیکن میرے سامنے اس نے چیخوف سے اس پنسکی کے بارے میں کہا:

''یہ ہے ایک مصنف، اس کے خلوص کی شدت دوستوئفسکی کی یاد دلاتی ہے، فرق صرف یہ ہے کہ دوستوئفسکی بنتا تھا اور سستی سیاسیات میں ٹانگ اڑاتا تھا۔ اوس پنسکی زیادہ سیدھا سادا بھی ہے اور زیادہ مخلص بھی۔ اگر وہ خدا کو مانتا ہوتا تو کسی نہ کسی غیر مقلد فرقے میں شامل ہو جاتا۔''

''لیکن آپ تو مجھ سے کہہ رہے تھے کہ وہ روسی زبان کا مصنف نہیں ہے بلکہ تولا زبان کا اور اس کے اندر کوئی جوہر نہیں ہے۔''

اس نے اپنی گھن دار بھنویں نیچے کھینچ لیں۔ یہاں تک کہ اس کی آنکھیں چھپ گئیں اور اس نے جواب دیا۔ ''اُس کے لکھنے کا اسلوب خراب ہے اور زبان بھی عجیب ہے! لفظوں سے زیادہ تو علامات وقف ہوتی ہیں۔ اصلی جوہر محبت ہے جو محبت کرتا ہے وہ ہنرمند بھی ہے۔ محبت کرنے والوں کو دیکھو۔۔۔ ان سب کے اندر جوہر ہوتا ہے!''

دوستوئفسکی کے بارے میں وہ بڑی نارضامندی سے اور جھجک جھجک کر بولتا تھا جیسے کسی چیز سے بچ رہا ہو، یا کسی چیز پر غالب آنے کی کوشش کر رہا ہو۔

''اسے کنفوشس اور بدھوں کی تعلیمات کا مطالعہ کرنا چاہیے تھا۔ شاید اس سے اس کا اضطراب دب جاتا۔ اس آدمی کا جسم بڑا بے قابو تھا۔ جب اسے غصہ آتا تو اس کے کان ہلنے لگتے اور اس کے گنجے سر پر گومڑے پڑ جاتے۔ اس کا احساس تو بہت وسیع تھا لیکن اس کا تفکر غلط قسم کا تھا۔ اس نے بوتا شیوچ اور نوریے کے

مقلدین وغیرہ سے تفکر کا انداز سیکھا تھا۔ بعد میں اسے عمر بھر ان لوگوں سے نفرت رہی۔ اس کے خون میں کچھ یورپ کے اثرات شامل تھے۔ یہ بڑا شکی مزاج کا، بے ڈھنگا مغرور اور غم زدہ تھا۔ یہ عجیب بات ہے کہ لوگ اس کی کتابیں اتنی زیادہ پڑھتے ہیں۔ اس کی وجہ میری تو سمجھ میں آتی نہیں۔ اس کی تحریریں بڑی بے ڈھنگی اور بے کار ہیں۔۔۔ کیونکہ یہ سارے احمق بلوغت زدہ لڑکے راسکولنی کوف اور اس قسم کے دوسرے آدمی ۔۔۔ تو، یہ باتیں اس طرح بالکل نہیں ہوتیں، یہ چیزیں تو بالکل سیدھی سادی ہیں اور انہیں سمجھنا بھی آسان ہے اس کے برخلاف یہ بڑے افسوس کی بات ہے کہ لیسکوف کو لوگ اتنا کم پڑھتے ہیں۔ یہ واقعی ایک حقیقی مصنف ہے، کیا تم نے اسے پڑھا ہے؟''

''ہاں مجھے یہ آدمی بڑا پسند ہے، خاص طور سے اس کا طرزِ تحریر۔''

''ہاں اسے زبان سے بڑی حیرت انگیز واقفیت حاصل تھی اور وہ اس کے سب رمز جانتا تھا۔ تمہارا اسے پسند کرنا بڑی عجیب بات ہے کیونکہ تم بعض باتوں میں روسی نہیں ہو، تمہارے خیالات روسی خیالات نہیں ہیں۔۔۔ تمہیں میری بات بری تو نہیں لگی؟ میں بڈھا آدمی ہوں۔ اور شاید میں آج کل کے ادب کو سمجھ بھی نہیں سکتا۔ لیکن ہمیشہ مجھے کچھ ایسا محسوس ہوتا ہے کہ یہ ادب روسی نہیں ہے۔ لوگ کچھ ایک خاص قسم کی شاعری کرنے لگے ہیں۔ میں نہیں جانتا کہ اسے شاعری کس طرح کہا جاسکتا ہے اور یہ لکھی کس کے لیے جارہی ہے ہمیں شعر لکھنا پوشکن، تیوچیف اور شنیشن سے سیکھنا چاہیے۔ لیکن تم ۔۔۔'' یہاں وہ چیخوف کی طرف مڑا ''تم بالکل روسی ہو، ہاں، تم واقعی روسی ہو۔''

اور بڑے دلآویز طریقے سے مسکراتے ہوئے اس نے چیخوف کے کندھوں کے گرد اپنا بازو ڈال دیا، چیخوف ہڑبڑا گیا اور اپنی منحنی آواز میں اپنے گرمیوں والے گھر اور تھیٹر کے بارے میں باتیں کرنے لگا۔

ٹولسٹوئے، چیخوف کا بڑا گرویدہ تھا اور جب کبھی وہ اس کی طرف دیکھتا تھا تو یہ معلوم ہوتا تھا کہ اس کی نگاہیں چیخوف کے چہرے کو تھپک رہی ہیں اور اس وقت اس کی نگاہ میں بھی ملائمت آ جاتی تھی۔ ایک دن چیخوف ٹولسٹوئے کی بیٹی الیکسا ندرا کے ساتھ باغ میں ایک روش پر ٹہل رہا تھا۔ ٹولسٹوئے اس زمانے میں بیمار تھا اور مکان کی چھت پر آرام کرسی پر بیٹھا تھا۔ اس کی آنکھیں ان دونوں کے پیچھے پیچھے چل رہی تھیں اور وہ زیرلب کہہ رہا تھا۔ بڑا عمدہ اور نفیس آدمی ہے۔ بڑا خاموش 'حیادار' جیسے کوئی دوشیزہ! وہ بالکل لڑکیوں کی طرح چلتا ہے۔ بڑا عجیب آدمی ہے!''

ایک دن شام کے وقت وہ ''راہب سرگے ای'' کا وہ سین کچھ بدلی ہوئی شکل میں پڑھنے لگا جہاں عورت راہب کو گناہ کی ترغیب دینے جاتی ہے۔ پڑھتے ہوئے اس کی تیوری پر بل پڑ گیا تھا اور اس کی بھنویں پھڑک رہی تھیں۔ جب وہ ختم کر چکا تو اس نے سر اٹھایا، آنکھیں بند کر لیں اور صاف آواز میں کہنے لگا ''بڈھے نے یہ حصہ بڑا اچھا لکھا ہے، بہت عمدہ!'' اس نے یہ بات ایسے حیرت ناک بھولے پن سے کہی اور اپنی تحریر کی خوبصورتی پر اس کی مسرت اتنی پرخلوص تھی کہ میں نے اس وقت جو سرگرمی اور جوش محسوس کیا، اسے میں عمر بھر نہیں بھول سکتا۔ یہ ایسا جوش تھا کہ جسے میں ظاہر تو نہیں کر سکتا تھا لیکن اسے دبانے کے لیے بڑی کوشش درکار ہوتی۔ میرے دل کی حرکت رک گئی اور ہر چیز مجھے بڑی جاندار، تازہ اور نئی معلوم

ہونے لگی۔

حالانکہ اپنی باتوں میں وہ بار بار وہی الفاظ دہراتا تھا جس سے اس کی گفتگو کچھ غلط اور نا درست سی معلوم ہونے لگتی تھی اور پھر اس میں دیہاتیوں جیسی سادگی ہوتی تھی لیکن اس کی باتوں کے خاص اور نا قابل بیان حسن کا اندازہ کرنے کے لیے ضروری ہے کہ آپ نے اسے بولتے سنا ہو۔

اس کی گفتگو کے زور اور قوت کا راز صرف اس کی آواز کے اتار چڑھاؤ اور چہرے کی حرکات وسکنات ہی میں نہیں تھا بلکہ اس کی ذمہ دار اس کی آنکھوں کی چمک اور گردش بھی تھی میں نے اس سے زیادہ خوش گفتار آنکھیں نہیں دیکھیں۔اس کی دو آنکھوں میں ہزار آنکھیں چھپی ہوئی تھیں۔

مجھے یاد ہے کہ ایک مرتبہ سولیر، چیخوف، ٹولسٹوے کا بیٹا مرگے ای اور چند اور لوگ باغ میں بیٹھے عورتوں کے بارے میں بیٹھے باتیں کر رہے تھے۔وہ بہت دیر تک چپ چاپ سنتا رہا اور پھر یکا یک بولا ''میں عورتوں کے بارے میں اس وقت تک سچ نہیں بولوں گا جب تک کہ میں ایک پیر قبر کے اندر رکھے نہ کھڑا ہوں۔۔اس وقت میں سچ بولوں گا اور تابوت کے اندر کود کے ڈھکنا بند کرلوں گا تا کہ وہ مجھے پکڑ نہ سکیں!'' اور اس کی آنکھیں ایسی پُر اسرار شرارت سے چمک اٹھیں کہ ہم سب ایک لمحے کے لیے خاموش ہوگئے۔

میرا خیال ہے کہ اس کے اندر واسکا بوسلائف کی دلیرانہ اور عجیب وغریب شرارت تھی اور کچھ پروتوپوپ آوارکوم کی ضدی رُوح بھی اور ان دونوں کے اوپر یا پہلو بہ پہلو کچھ خادالیف کا تشکک بھی۔آواکوم کے اصول اسے وعظ ونصیحت کرتے

تھے اور اس کی روح کو ایذا دیتے رہتے تھے، نودوگورودو کے فسادی نے شیکسپیئر اور ڈانٹے کی عظمت سے انکار کیا اور اس کے اندر جو حصہ خاد ایف کا تھا وہ رُوح کی ان تمام تفریحات پر ہنستا رہتا تھا اور اس کے درد و کرب پر بھی۔

اور اس کے اندر جو قدیم روسی تھا، وہ بہتر زندگی تعمیر و تخلیق کرنے کی متعدد کوششوں میں ناکامیابی کے باعث مجبور ہو کر انفعالی نراجیت کا قائل اور سائنس اور ریاست کے خلاف ہو گیا تھا۔

یہ بڑے معرکے کی بات ہے کہ نہ معلوم کس طرح اس سادہ لوح کارٹون بنانے والے آولاف گول برانسون نے کسی پراسرار الہامی طریقے پر محسوس کر لیا کہ ٹولسٹوئے کے اندر بوسلائیف کی قسم کا ایک عنصر موجود ہے۔ اس کا بنایا ہوا کارٹون دیکھئے۔ اس میں ٹولسٹوئے کی کتنی سچی تصویر موجود ہے اور اس کے چہرے اور غلافی آنکھوں میں وہ دلیرانہ ذہانت کس قدر ہے جس کے لیے ایسی مقدس چیزیں موجود ہی نہیں جن کی حرمت کے خلاف کوئی بات نہ کی جا سکتی ہو اور جسے کسی چیز پر کامل اعتقاد نہیں۔

میری آنکھوں کے سامنے یہ بڈھا جادوگر پھر رہا ہے جو سب کے لیے اجنبی تھا اور باغ کے صحراؤں میں اکیلا گھومتا رہتا تھا کسی عالمگیر صداقت کی تلاش میں جسے وہ کبھی نہ پا سکا۔ میں اس آدمی کی طرف دیکھتا ہوں اور حالانکہ مجھے اس نقصان عظیم کا رنج تو بہت ہے لیکن اس آدمی کو دیکھ لینے پر مجھے فخر بھی ہے اور یہ فخر میرے غم کے بوجھ کو ہلکا کر دیتا ہے۔

ٹولسٹوئے کو ٹولسٹوئے پرستوں کے درمیان دیکھنا بھی ایک عجیب تجربہ

تھا۔ وہ ایک شاندار مینار کی طرح تھا جس کی گھنٹیاں دنیا بھر کے لیے متواتر بج رہی ہوں اور اس کے چاروں طرف چھوٹے چھوٹے محتاط کتے اِدھر اُدھر دوڑ رہے ہوں اور گھنٹیوں کی آواز میں آواز ملا کر رو رہے ہوں اور ساتھ ساتھ ایک دوسرے کی طرف ترچھی نظروں سے دیکھتے جاتے ہوں کہ سب سے اچھا کون رویا۔ میرا ہمیشہ سے یہی خیال تھا کہ یہ لوگ یاسنایاپولیانا والے مکان اور کاؤنٹس پانن کے محل دونوں میں ریاکاری، بزدلی، ذلیل سودے بازی اور ترکے کی چھین چھپٹ اور اسی طرح کی ذلیل رُوح داخل کردیتے ہیں۔ یہ ٹولسٹوئے پرست، ان زائروں سے ملتے جلتے ہیں جو روس کے دُور دراز گوشوں تک جاتے ہیں اور اپنے ساتھ کتوں کی ہڈیاں لیے ہوتے ہیں جنہیں یہ لوگ ولیوں کے تبرکات بتاتے ہیں اور 'مصری تاریکی' اور 'حضرت مریم کے آنسو' بیچتے پھرتے ہیں۔ مجھے یاد ہے کہ ایک مرتبہ یاسیاناپولیانا کے ان رسولوں میں سے ایک کو مرغی پر ترس آ گیا تھا اور اس نے انڈا کھانے سے انکار کردیا تھا لیکن تولا کے اسٹیشن پر ہوٹل میں اس نے گوشت خوب مزے لے لے کے کھایا اور کہا۔ 'بڈھا واقعی بڑا مبالغہ کرتا ہے، کیوں؟'

یہ سب لوگ بڑی ٹھنڈی آہیں بھرتے ہیں اور ایک دوسرے کو بوسہ دیتے ہیں ان کے ہاتھ لجلجے، پسیجے ہوئے اور بے ہڈیوں کے ہوتے ہیں اور آنکھیں بڑی بے خلوص۔ لیکن ساتھ ہی ساتھ یہ لوگ بڑے باعمل بھی ہوتے ہیں اور اپنے دنیاوی معاملات کا انتظام بڑی ہوشیاری سے کرتے ہیں۔

ٹولسٹوئے اپنے ان پرستاروں کی اصلی قدر و قیمت سے خوب واقف تھا۔ سولیرژتسکی بھی جس کا ٹولسٹوئے بڑا گرویدہ تھا اور جس کا ذکر وہ بڑے پرجوش اور

جوانوں کے انداز میں بے انتہا تعریف کے ساتھ کرتا تھا۔ اس بات کو اچھی طرح جانتا تھا۔ ایک دن یا سنایا پولیانا میں ان پرستاروں میں سے ایک بڑی خوش گفتاری کے ساتھ ہمیں بتار ہا تھا کہ ٹولسٹوئے کے اصولوں پر عمل کرنے سے اسے کیسی مسرت حاصل ہوئی تھی اور اس کی روح کیسی خالص ہوگئی تھی۔ ٹولسٹوئے میری طرف جھکا اور کان میں کہا۔ "سب جھوٹ! یہ بدمعاش ایسی باتیں مجھے خوش کرنے کے لیے کررہا ہے۔"

بہت سے آدمی اسے خوش کرنے کی فکر میں لگے رہتے تھے لیکن مجھے پتہ نہیں کہ وہ کامیابی یا ہوشیاری کے ساتھ اسے خوش کر سکتے تھے یا نہیں۔ مجھ سے وہ اپنے معمول کے موضوعات، عالمگیر عفو، ہمسایوں سے محبت اور انجیل اور بدھ مذہب وغیرہ کے بارے میں کبھی باتیں نہیں کرتا تھا ظاہر ہے کہ اس نے شروع ہی میں اندازہ لگالیا تھا کہ مجھے ان چیزوں سے رغبت نہیں۔ میرے دل میں اس بات کی بڑی قدر تھی۔

جب کبھی وہ چاہتا تھا بڑے عجیب اور حسین طریقے پر نرم مزاج، ملائم طبیعت اور حساس بن سکتا تھا لیکن بعض وقت اس کی باتوں سے بڑا جی الجھتا تھا اور بڑی تکلیف ہوتی تھی۔ مجھے عورتوں کے متعلق اس کی باتیں ہمیشہ ناپسند تھیں جب کبھی وہ یہ باتیں کرتا تو بہت ہی عامیانہ ہو جایا کرتا تھا۔ اس وقت اس کی باتیں دماغ سے اتاری ہوئی اور بے خلوص ہوجاتی تھیں اور وہ بالکل ذاتیات پر اتر آتا تھا جیسے کبھی اس نے کوئی گہری چوٹ کھائی ہو جسے نہ تو وہ بھول سکتا ہو اور نہ معاف کر سکتا ہو۔ اس سے میری پہلی ملاقات خاموف نیکی میں شام کے وقت ہوئی۔ وہ

مجھے مطالعے کے کمرے میں لے گیا اور اپنے سامنے بٹھالیا اور میری کہانیوں 'وارنکااولیسوف' اور 'چھبیس آدمی اور ایک لڑکی' کے بارے میں باتیں کرنے لگا۔ اس کے لہجے کا میرے اوپر بڑا ناخوشگوار اثر پڑا اور میں کچھ گڑبڑا گیا۔ بات یہ ہوئی کہ وہ بہت تیز وتند اور ہیجان انگیز طریقے سے مجھے یہ سمجھانے کی کوشش کررہا تھا کہ شرم وحیا تندرست لڑکی کے اندر فطری چیز نہیں ہوتی۔

'لڑکی پندرہ سال کی ہو جائے اور تندرست ہو تو وہ بس یہ چاہتی ہے کہ کوئی مجھے چپٹائے اور بھنبھوڑے۔ اس کا دماغ کسی نامعلوم چیز سے خوف زدہ رہتا ہے۔ جسے وہ اب تک سمجھ نہیں سکی۔ اور اسے شرم حیا اور اور عفت وعصمت کہا جاتا ہے لیکن اس کا جسم سمجھ لیتا ہے کہ یہ نامعلوم چیز ناگزیر اور جائز ہے اور جسم دماغ کے خلاف ہو کر اپنی تسکین کا مطالبہ کرتا ہے۔ تم اپنے کردار وارنکا اولیسوف کو تندرست بتاتے ہو لیکن اس کے جذبات خشک اور بڑھیوں جیسے ہیں۔۔۔ یہ حقیقت کے خلاف ہے! پھر وہ 'چھبیس آدمی اور ایک لڑکی' کی ہیروئن کے بارے میں باتیں کرنے لگا اور اس نے یکے بعد دیگر گندے الفاظ اتنی تیزی سے استعمال کئے کہ اس میں مجھے بڑی کلبیت نظر آئی اور میں نے کچھ اپنی توہین سی بھی محسوس کی۔ بعد میں یہ بات میری سمجھ میں آئی کہ وہ یہ ممنوع الفاظ صرف اس لیے استعمال کررہا تھا کہ وہ اس کے نزدیک زیادہ صحیح اور معنی خیز تھے لیکن اس وقت اس کی باتیں مجھے ناگوار گزریں۔ میں نے اس سے کوئی بحث نہیں کی۔ یکا یک اس کا رویہ بڑا مشفقانہ اور عاطفت آمیز ہوگیا اور وہ میری زندگی، میرے مطالعے اور پڑھنے لکھنے کے بارے میں سوالات پوچھنے لگا۔

''سنا ہے کہ تم نے بہت کتابیں پڑھی ہیں کیا یہ ٹھیک ہے؟ کورولنکو تو موسیقی داں ہے نا؟''

''نہیں ایسا تو نہیں۔ مجھے بالکل پتہ نہیں۔''

''تمہیں پتہ نہیں؟ تمہیں اس کی کہانیاں پسند ہیں؟''

''جی ہاں' بہت زیادہ''

''یہ تضاد کی وجہ سے ہے اس کے انداز میں نغمگی ہے اور تمہارے یہاں بالکل نہیں تم نے ویلٹ مان کو پڑھا ہے؟''

''جی ہاں''

''وہ بڑا عمدہ بڑا تیز اور بڑا صحیح لکھنے والا مصنف ہے اس کے یہاں مبالغہ آرائی نام کو نہیں؟ کیوں ہے نا؟ بعض جگہ تو وہ گوگول سے بھی بہتر ہے۔ وہ بالزاک سے واقف تھا اور گوگول کبھی کبھی مارلنسکی کی نقل کرتا تھا۔''

جب میں نے کہا کہ غالباً گوگول پر ہوف مان، اسٹرن بلکہ شاید ڈکنز تک کا اثر پڑا ہے تو اس نے ایک نظر میری طرف دیکھا اور کہا ''کیا تم نے یہ بات کہیں پڑھی ہے؟ نہیں؟ تو یہ بات درست نہیں ہے۔ گوگول ڈکنز سے واقف نہیں ہوسکتا تھا لیکن تم نے بہت کتابیں پڑھی ہیں اور یہ تمہارے لیے برا ہے۔ سمجھے کو تو سوف تصوف نے پڑھ پڑھ کے اپنا ستیاناس کرلیا۔''

وہ مجھے پہچانے دروازے تک آیا اس نے اپنی باہیں میرے گرد ڈال دیں۔ مجھے بوسہ دیا اور کہا ''تم اصلی کسان ہو! مصنفوں کے درمیان رہ کر تمہیں بڑی دشواریاں پیش آئیں گی لیکن کسی بات سے مت ڈرو ہمیشہ وہی کہو جو تم محسوس کرتے

ہو۔ اگر بات کچھ بے ڈول بھی ہو تو کوئی پروانہ کرو۔ ذی عقل لوگ سمجھ جائیں گے۔“

اس پہلی ملاقات میں سے میں نے دو اثرات حاصل کیے مجھے ٹولسٹوئے کو دیکھ لینے کی خوشی اور اس پر فخر تھا لیکن اس نے مجھ سے جو گفتگو کی تھی اس سے امتحان کی یاد آتی تھی۔ معلوم ہوتا تھا کہ میں 'جنگ اور امن' اور قزاق کے مصنف کے سامنے نہیں بیٹھا بلکہ ایک بڑے رئیس کے سامنے جو ازراہ نوازش مجھ سے عامیانہ انداز میں سڑکوں اور بازاروں کی زبان میں بات چیت کر رہا ہے۔ میں نے اپنے دماغ میں اس کی جو تصویر بنا رکھی تھی جس کا میں عادی ہو چکا تھا اور جس کی میں بڑی عزت کرتا تھا وہ تصویر اس رویے سے بالکل بگڑ گئی۔

ہماری دوسری ملاقات یاسنایا پولیانہ میں ہوئی۔ یہ خزاں کا بڑا بے رنگ سا دن تھا اور متواتر پھوار پڑ رہی تھی۔ اس نے چمڑے کے لمبے جوتے اور بھاری سا اوورکوٹ پہن لیا اور مجھے سیر کے لیے جنگل لے گیا۔ وہ کسی نوجوان آدمی کی طرح پانی سے بھرے ہوئے گڑھوں اور نالوں کو پھلانگ رہا تھا شاخوں سے پانی کی بوندیں اپنے سر پر جھاڑ رہا تھا، درختوں کے سفید ملائم تنوں پر بڑی محبت اور ملائمت سے ہاتھ پھیر رہا تھا۔ اس نے بڑی خوش بیانی کے ساتھ مجھے بتایا کہ سینشن نے اسی جنگل میں شوپن ہاور کا فلسفہ اسے سمجھایا تھا۔

”کل پرسوں کی بات ہے کہ میں کھمبیوں کے بارے میں کچھ شعر پڑھ رہا تھا کہ کھمبیاں ختم تو ہو گئیں لیکن وادیوں میں پہلے سے بھی زیادہ ان کی خوشبو آ رہی ہے۔ بڑی عمدہ بات ہے بڑی ٹھیک بات ہے۔“

یکا یک ہمارے پیروں کے پاس سے ایک خرگوش اچھلا۔ ٹولسٹوئے ایک دم اُچھل پڑا اس کا چہرہ خون سے بھر گیا اور وہ اس وقت بالکل وہی پرانا شکاری بن گیا پھر اس نے بڑی ہلکی سی ناقابل بیان مسکراہٹ کے ساتھ میری طرف دیکھا اور ہنسنے لگا۔۔۔۔۔ یہ ایک انسانی اور فراست میں ڈوبا ہوا قہقہہ تھا۔ وہ اس وقت بے انتہا دل کش معلوم ہورہا تھا۔

ایک دوسرے موقع پر اسی جنگل میں وہ ایک باز کی طرف دیکھ رہا تھا۔ باز جھونپڑی کے اوپر منڈلا رہا تھا وہ چکر لگاتا تھا اور ہوا میں رک جاتا تھا اور اپنے بازوؤں کو بالکل ٹھہرا لیتا تھا گویا وہ جھجک رہا ہے کہ حملہ کردوں یا کچھ انتظار کروں۔ ٹولسٹوئے پنجوں کے بل کھڑا ہوگیا۔ ہاتھ سے آنکھوں پر سایہ کرلیا اور جوشیلی آواز میں بولا۔''بدمعاش ہمارے مرغی کے بچوں کی فکر میں ہے دیکھو اب یہ جھپٹا مارنے ہی والا ہے دیکھو۔۔۔نہیں ڈر گیا کو چوان وہاں بیٹھا ہے یا کیا بات ہے؟ کو چوان کدھر ہے؟۔۔''

اس نے کو چوان کو آواز دی۔ اس کی آواز سے باز ڈر گیا اور اپنے پر پھڑ پھڑاتے ہوا اُڑ گیا۔ ٹولسٹوئے نے ٹھنڈی آہ بھری اور اپنے آپ کو ملامت کرتے ہوئے کہنے لگا:''مجھے چیخنا نہیں چاہیے تھا وہ تو ویسے بھی چلا ہی جاتا۔'

ایک دن میں تفلیس کے بارے میں باتیں کر رہا تھا کہ میں نے فلیرو فسکی بروی کا نام لیا۔

''تم اسے جانتے ہو؟' ٹولسٹوئے نے جوش کے ساتھ پوچھا' بتاؤ وہ کس قسم کا آدمی تھا۔''

میں نے اسے بتانا شروع کیا کہ فلیروفسکی وبلا پتلا اور لمبے قد کا تھا اس کی داڑھی بڑی لمبی اور بڑی بڑی آنکھیں تھیں وہ کرمچ کا لمبا سا لبادہ پہنتا تھا، لال شراب میں اُبلے ہوئے چاولوں کی ایک چھوٹی سی تھیلی اس کی پیٹی میں بندھی رہتی تھی۔ اس کے پاس ایک بہت بڑی کرمچ کی چھتری تھی اور اس شکل و شباہت کے ساتھ وہ میرے ہمراہ ٹرانس کاکیشیا کے پہاڑی راستوں میں گھومتا پھرا تھا۔ میں نے یہ بھی سنایا کہ ایک دن ایک پتلے سے راستے سے ہمیں ایک بھینسا مل گیا تھا، ہم نے عقل مندی برتی اور اس غضب ناک جانور کو کھلی ہوئی چھتری سے دھمکاتے ہوئے پیچھے ہٹتے چلے گئے حالانکہ ہمیں کھڈ میں گر جانے کا بھی خطرہ تھا۔ یکا یک میں نے دیکھا کہ ٹولسٹوئے کی آنکھوں میں آنسو بھرے ہوئے ہیں، اس سے میں چونک پڑا اور رُک گیا۔

''نہیں کوئی بات نہیں' کہے جاؤ۔۔ مجھے اس کی اور باتیں سناؤ مجھے ایک اچھے آدمی کے بارے میں ایسی باتیں سن کر بڑی خوشی ہوئی ہے۔ بڑی مزیدار باتیں ہیں! میں ہمیشہ یہی سمجھتا تھا کہ وہ اس قسم کا ہوگا۔ اس میں کوئی خاص بات ہوگی۔ وہ اوروں سے مختلف ہوگا۔ ریڈیکل جماعت سے تعلق رکھنے والے مصنفوں میں وہ سب سے پختہ اور سب سے ذہین ہے۔ اپنی کتاب ''ابجد'' میں اس نے صاف صاف دکھادیا ہے کہ ہماری ساری تہذیب وحشیانہ اور بربریت زدہ ہے۔ کلچر۔۔۔امن پسند قبیلوں کا کام ہے، طاقت وروں کا نہیں بلکہ کمزوروں کا اور کشمکش حیات کا اصول ایک سفید جھوٹ ہے جو بدی کو حق بجانب ثابت کرنے کے لیے ایجاد کیا گیا ہے۔''

''تم تو خیر اس بات سے متفق نہیں ہو۔ لیکن دودے متفق تھا تمہیں اس کا کردار پول آستیپے یاد ہے؟''

''لیکن مثال کے طور پر فرانس کی تاریخ میں نارمنوں نے جو حصہ لیا ہے اسے آپ فلیروفسکی کے نظریے سے کس طرح ہم آہنگ ثابت کر سکتے ہیں؟''

''نارمنوں کی بات تو بالکل الگ ہے!''

جب وہ کسی سوال کا جواب نہیں دینا چاہتا تھا تو ہمیشہ یہی کہا کرتا تھا کہ 'یہ تو بالکل الگ بات ہے'

مجھے ہمیشہ یہ محسوس ہوا ہے اور میں اپنے آپ کو غلطی پر نہیں سمجھتا کہ ٹولسٹوئے کو ادب کے بارے میں باتیں کرنے کا زیادہ شوق نہیں تھا لیکن اسے مصنفوں کی شخصیتوں سے بڑی شدید دلچسپی تھی، میں یہ سوال اکثر اس کے منہ سے سنا کرتا تھا 'تم اسے جانتے ہو؟ کس طرح کا آدمی ہے؟ کہاں پیدا ہوا تھا؟ اور کسی کے متعلق بحث کرتے ہوئے ہمیشہ وہ اس کی شخصیت کا کوئی نہ کوئی نیا پہلو ضرور میرے سامنے پیش کرتا تھا۔

ایک دن بڑے غور وفکر میں ڈوبے ہوئے لہجے میں اس نے کورولنکو کے بارے میں کہا: ''وہ بڑا روسی نہیں ہے اور اس لیے شاید وہ ہماری زندگی کو ہم سے بہتر اور زیادہ صحت کے ساتھ دیکھ سکتا ہے۔''

چیخوف کے بارے میں جس کا وہ بڑا گرویدہ تھا اس نے کہا ''اس نے طب پڑھا ہے اور یہ علم اس کے راستے میں مخل ہوتا ہے اگر وہ ڈاکٹر نہ ہوتا تو اور بھی اچھا لکھتا۔''

نوجوان مصنفوں میں سے ایک کے بارے میں کہا ''وہ یہ دیکھنا چاہتا ہے کہ میں انگریز ہوں اور ماسکو کے باشندے کے لیے اوروں کی بہ نسبت اس کوشش میں کامیاب ہونے کا موقع بہت کم ہے۔ ایک دن اس نے مجھ سے کہا ''تم ایک موجد ہو تمہارے گُو والدا جیسے کردار خالص تخیلی ایجادات ہیں۔''

میں نے کہا گُو والدا کا کردار تو میں نے ایک جیتے جاگتے نمونے سے لیا ہے''

''اچھا تو بتاؤ کہ تم نے اسے کہاں دیکھا تھا؟''

جس آدمی کا بیان میں نے بعد میں گُو والدا کے نام سے کیا اس سے میں کازان میں منصف کی عدالت میں ملا تھا۔ جب میں نے عدالت کے واقعات ٹولسٹوئے کو سنائے تو وہ بہت محظوظ ہوا۔

''آہا، جیتا جاگتا آدمی!'' اس نے ہنستے ہوئے اور اپنے آنسو پونچھتے ہوئے کہا۔ ''اچھا تو یہ بات ہے، جیتا جاگتا آدمی! لیکن بڑی مزیدار بات ہے، بڑی دلچسپ بات ہے۔ تم کہانیاں لکھنے سے زیادہ تو کہانیاں سنانے میں ماہر ہو۔ نہیں، تم رومان نگار ہو، تم نئی باتیں ایجاد کرنے والے ہو، چلو بس، یہ بات تسلیم کرلو۔''

میں نے کہا کہ غالباً سب لکھنے والے تھوڑی بہت ایجاد تو کرتے ہی ہیں اور اپنے کرداروں کو ایسا دکھاتے ہیں جیسا وہ انہیں اصلی زندگی میں دیکھنا چاہتے ہیں۔ میں نے یہ بھی کہا کہ مجھے تو عمل کرنے والے لوگ پسند ہیں جو ہر طریقے سے زندگی کی برائیوں کا مقابلہ کرنا چاہتے ہیں۔ یہاں تک کہ تشدد کے ذریعے سے بھی۔

''لیکن تشدد سب سے بڑی برائی ہے!'' وہ چیخ پڑا اور میرا بازو پکڑ لیا

''جناب موجد صاحب ! آپ اس تضاد سے کیسے بچ سکتے ہیں؟ اب وہ اپنی کہانی 'سڑک کا ساتھی' ہی لو۔ وہ تو ایجاد کرنے لگتے ہیں تو اسی کا نتیجہ بس ایسی چیزیں ہوتی ہیں جیسے بانکے سپاہی، سیگفریڈ اور ایماڈس کی قسم کے کردار۔۔۔''

میں نے کہا کہ جب تک ہم انسانیت کے درجے سے گرے ہوئے اور ناگزیر 'سڑک کے ساتھیوں' سے گھرے ہوئے ہیں، ہم ہر چیز کی تعمیر غیر یقینی بنیادوں پر اور معاندانہ حالات میں کرتے رہیں گے۔

وہ ہنس پڑا اور آہستہ سے میرے کہنی ماری۔

''اس سے بڑے خطرناک نتائج اخذ کیے جاسکتے ہیں۔ تم بڑی مشکوک قسم کے اشتراکی ہو۔ تم رومان نگار ہو اور رومان نگاروں کو شہنشاہ پرست ہونا چاہیے اور وہ ہمیشہ یہی رہے ہیں۔''

''وکتور یوگو کے بارے میں آپ کا کیا خیال ہے؟''

''اوہ وکتور یوگو' اس کی بات بالکل دوسری ہے۔ وہ مجھے پسند نہیں وہ تو بکواسی ہے۔''

وہ میرے پڑھنے لکھنے کے بارے میں اکثر سوال کرتا رہتا تھا اور کتابوں کے خراب انتخاب پر ہمیشہ مجھے ڈانٹا کرتا تھا۔

'گبن ؟ اوئے وہ تو کوستوماروف سے بھی خراب ہے۔ سوم سن کو ضرور پڑھو اس سے دل اکتا تو جاتا ہے لیکن وہ قابل اعتبار آدمی ہے۔''

جب اسے یہ معلوم ہوا کہ سب سے پہلی کتاب جو میں نے پڑھی تھی وہ 'زیم گانو برادران' تھی تو اسے بڑا غصہ آیا۔

''خوب ! وہ احمقانہ کتاب ! یہ اسی نے تمہیں خراب کیا ہے۔ فرانسیسیوں کے یہاں تین مصنف ہیں، استاں دال، بالزاک، فلوبیر۔۔ اور شاید موپاساں بھی، لیکن چیخوف اس سے بہتر ہے۔ لیکن گوں کور تو مسخرے ہیں اور دعویٰ کرتے ہیں سنجیدہ ہونے کا۔ انہوں نے زندگی کا مطالعہ اپنے ہی قسم کے آدمیوں کی لکھی ہوئی کتابوں سے کیا ہے اور سمجھتے ہیں کہ ہم واقعی کوئی قابل قدر کام کر رہے ہیں۔ لیکن دراصل اس قسم کی چیزوں کی کسی کو بھی ضرورت نہیں۔''

جب میں نے اس رائے سے اختلاف ظاہر کیا تو ٹولسٹوئے کو ذرا برا معلوم ہوا۔ اسے اپنی بات کی تردید بڑی ناپسند تھی اور بعض دفعہ تو وہ عجیب و غریب اور بڑے انوکھے دلائل پیش کیا کرتا تھا۔

''نسلی اعتبار سے انحطاط پذیر آدمی کوئی چیز نہیں' اس نے کہا'' یہ ساری باتیں اس اطالوی شخص لومبروسو کی ایجاد ہیں اور وہ یہودی نورڈ واب انہیں طوطے کی طرح دہرا رہا ہے۔ اٹلی جعل سازوں اور عیاروں کا ملک ہے وہاں صرف آرے تینو، کاسانووا، کاگلی اوستر وغیرہ قسم کے انسان پیدا ہوتے ہیں۔

''گیری بالڈی کے بارے میں کیا خیال ہے؟''

''یہ تو سیاسیات ہوئی۔ اس کی دوسری بات ہے۔''

جب میں نے روس کے تجارت کرنے والے خاندانوں کی تاریخ سے بہت سے واقعات سنائے تو اس نے جواب دیا۔'' یہ باتیں درست نہیں ہیں۔ یہ تو بس تم پڑھنے لکھنے والے ہوشیار لوگوں کی کتابوں میں لکھی ہوئی باتیں ہیں۔۔۔''

میں نے تاجروں کے ایک خاندان کی تین نسلوں کی کہانی سنائی جن سے

میں ذاتی طور پر واقف تھا اور دکھایا کہ نسلی انحطاط کا قانون کیسے بے رحمانہ انداز میں عمل کرتا ہے۔ جب میں کہانی سنا چکا تو اس نے میری آستین پکڑ لی اور جوش میں آ کر مجھے ہلاتے ہوئے بولا۔ ''ہاں یہ سچ ہے۔ مجھے اس کے بارے میں ساری باتیں معلوم ہیں۔ تولا میں ایسے دو خاندان ہیں۔ تمہیں اس کے بارے میں لکھنا چاہیے ایک زبردست ناول لکھو، سمجھے! تمہیں ضرور لکھنا چاہیے! لیکن ناول چھوٹا ہو۔'' جب اس نے یہ بات کہی تو اس کی آنکھیں اشتیاق سے چمک رہی تھیں۔

''لیکن اس میں پھر وہی بانکے سپاہی ہوں گے 'لیونکولائے وچ' اس کا کیا بنے گا؟'

'' بکومت! یہ سنجیدگی کا معاملہ ہے۔ اچھا تو وہ آدمی جو راہب بن جاتا ہے۔ سارے خاندان کے لیے دعا مانگتا ہے؟ بڑی حیرت انگیز چیز ہے! یہ بالکل اصلی اور حقیقی ہے۔ وہ کہتا ہے 'تم جاؤ اور گناہ کرو اور میں اپنی دعاؤں سے تمہارے گناہوں کا کفارہ ادا کروں گا۔ اور وہ دوسرا آدمی وہ ماہر تعمیرات جو ہر وقت اکتایا ہوا رہتا ہے۔ وہ بھی بالکل حقیقت ہے اور اس کا شرابی اور عیاش اور وحشی ہونا، اس کا سب سے محبت کرنا اور پھر یکا یک جانا اور قتل کا ارتکاب کرنا۔۔۔ یہ سب بہت عمدہ ہے! چوروں اور فقیروں میں جا کے اپنے ہیرو ڈھونڈتے پھرنے کے بجائے تمہیں اس چیز کے بارے میں لکھنا چاہیے۔ ہیرو محض ایک ڈھکوسلا اور سفید جھوٹ ہیں، دماغی اختراع ہیں، آدمی سیدھے سادے آدمی ہوتے ہیں، اس کے علاوہ اور کچھ نہیں ہوتے۔'

وہ اکثر ایسی مبالغہ آرائیوں کی طرف اشارے کیا کرتا تھا جنہیں میں نے

اپنی کہانیوں میں روا رکھا تھا۔ لیکن ایک دن جب وہ مجھ سے گوگول کی 'مردہ رُوحیں' کے دوسرے حصے کے بارے میں باتیں کر رہا تھا تو اس نے بڑی خوش طبعی سے مسکراتے ہوئے کہا ''ہم سب ایجاد واختراع کی طرف بے انتہا مائل ہیں۔ میرا بھی یہی حال ہے۔ لکھتے ہوئے بعض وقت مجھے کسی کردار کی حالت پر رنج ہونے لگتا ہے اور میں اس کے اندر کوئی ایسی بات بڑھا دیتا ہوں جس سے وہ بہتر معلوم ہونے لگے اور پھر میں کسی دوسرے کردار میں سے بری باتیں خارج کر دیتا ہوں تاکہ وہ پہلے کردار کے مقابلے میں بہت زیادہ سیاہ نہ معلوم ہونے لگے'' اور اس کے بعد اس نے فوراً کسی سنگ دل جج کا سا دُرشت لہجہ اختیار کر لیا اور کہنے لگا۔

'اسی وجہ سے میں کہتا ہوں کہ سارا آرٹ جھوٹ، دھوکا اور بے لگامی ہے اور عوام کے لیے مضر ہے۔ ہم زندگی کی حقیقی باتوں کے بارے میں نہیں لکھتے، بلکہ جو کچھ ہم زندگی کے بارے میں سوچتے ہیں اس کے بارے میں لکھتے ہیں۔ یہ بات جاننے سے کسی کو کیا فائدہ پہنچتا ہے کہ میں اس مینار یا اس سمندر یا کسی تاتاری آدمی کو کس طرح دیکھتا ہوں۔۔۔ اس سے کیا فائدہ ہے اس بات میں کیوں دلچسپی ہو؟''

بعض دفعہ مجھے اس کے خیالات اور احساسات بڑی متلون مزاجی کا نمونہ بلکہ ارادتاً توڑے مروڑے ہوئے معلوم ہوتے تھے لیکن اکثر اوقات ایک ظالم خدا پر نڈر ہو کے اعتراض کرنے والے ایک دوسرے ایوب کی طرح وہ اپنے بے لاگ خیالات کے مہیب کھرے پن سے لوگوں پر بڑا اثر ڈالتا تھا۔

ایک دن اس نے مجھے یہ کہانی سنائی! 'مئی کے آخر میں ایک دن کیف کی سڑک پر جا رہا تھا۔ زمین جنت بنی ہوئی تھی، تمام چیزیں خوش وخرم تھیں، آسمان پر

بادل کا نام تک نہ تھا، چڑیاں گا رہی تھیں، شہد کی مکھیوں نے اپنا نغمہ چھیڑ رکھا تھا، دھوپ بڑی مزیدار تھی اور میرے چاروں طرف ہر چیز گویا چھٹی منا رہی تھی، ہر چیز میں ایک انسانیت اور ایک حسن تھا۔ میرے دل پر اتنا اثر ہوا کہ آنکھوں میں آنسو بھر آئے۔ میں اپنے آپ کو ایک شہد کی مکھی کی طرح محسوس کرنے لگا جسے زمین کے بہترین پھول مل گئے ہوں اور میں نے خدا کو اپنی روح کے قریب محسوس کیا۔ پھر یکایک سڑک کے کنارے جھاڑیوں میں مَیں نے دو آوارہ گرد دیکھے۔ ایک مرد تھا اور ایک عورت، اور وہ دونوں ایک دوسرے کے اوپر پڑے رینگ رہے تھے۔۔۔ دونوں میلے گندے اور زیادہ عمر کے تھے، وہ گنڈاروں کی طرح پیچ و تاب کھا رہے تھے، کراہ رہے تھے اور بڑبڑا رہے تھے اور سورج ان کی ننگی نیلی ٹانگوں اور خستہ جسموں پر بڑی بے رحم روشنی ڈال رہا تھا۔ مجھے ایسا معلوم ہوا جیسے میری رُوح پر کوئی چوٹ پڑی ہے۔ اے خدا! اے حسن کے خالق! کیا تجھے شرم نہیں آتی؟ اس وقت میری حالت بڑی خراب تھی۔''

''ہاں، تو تم نے دیکھا، دنیا میں ایسی باتیں ہوتی ہیں۔۔فطرت۔۔ جسے دین دار لوگ شیطان کی بنائی ہوئی چیز سمجھتے ہیں۔۔۔ ہم انسانوں کو اتنی حقارت اور ظلم کے ساتھ اذیتیں پہنچاتی ہے۔وہ ہم سے حصول کی طاقت تو چھین لیتی ہے اور خواہش ہمارے پاس رہنے دیتی ہے۔ یہ بدقسمتی صرف انسان کے حصے میں آئی ہے کہ اسے جو جسم عطا ہوا ہے اس کی اذیت اور درد و کرب کا تجربہ پوری شرم اور خوف کے ساتھ کرے۔ اس چیز کو تو گویا ہم ایک ناگزیر سزا کے طور پر اپنے ساتھ لئے پھرتے ہیں لیکن ہمیں یہ سزا کس گناہ کی پاداش میں ملی ہے؟''

جب وہ یہ کہانی سنا رہا تھا تو اس کی آنکھیں عجیب طرح سے رنگ بدل رہی تھیں۔ کبھی تو وہ بچوں کی طرح شکایت آمیز ہو جاتی تھیں اور کبھی خشک ہو کر دُرشتی سے چمکنے لگتی تھیں۔ اس کے ہونٹ کانپ رہے تھے اور اس کی مونچھوں کے بال کھڑے ہو گئے تھے۔ جب کہانی ختم ہو گئی تو اس نے قمیص کی جیب سے رومال نکالا اور چہرہ صاف کیا حالانکہ اس کا چہرہ بالکل خشک تھا۔ پھر اس نے اپنے بڑے سے ان گھڑ ہاتھ کی مڑی ہوئی انگلیوں سے داڑھی کو ہموار کیا اور ملائم آواز میں بولا۔ ''ہاں کس گناہ کی پاداش میں؟''

ایک دن میں اس کے ساتھ دیول بر سے آئی تو دور اجانے والی سڑک پر ٹہل رہا تھا۔ وہ بچوں کی طرح تیزی سے چل رہا تھا لیکن معمول سے زیادہ رک رک کر اور جھجک جھجک کر بول رہا تھا ''جسم کو رُوح کے سامنے ایسا ہونا چاہیے جیسے فرمانبردار کتا اور اسے روح جہاں بھیجے وہیں دوڑ کے جانا چاہیے لیکن ہم، ہم کس طرح زندگی بسر کرتے ہیں ہمارا جسم تو آزاد پھرتا ہے اور روح بے بس اور مجبور قابل رحم حالت میں اس کے پیچھے پیچھے دوڑتی ہے۔''

اس نے اپنے دل پر ہاتھ پھیرا اور بھنویں اونچی کر کے کہنے لگا۔ 'ایک مرتبہ خزاں کے موسم میں میں نے ماسکو میں سوخاریفکی بازار کے قریب ایک گلی میں ایک عورت دیکھی جو نشے میں چور تھی۔ وہ نالی میں پڑی تھی اور ایک مکان کے صحن سے گندا پانی بہہ بہہ کر اس کی گردن اور کمر پر آ رہا تھا اور وہ اسی طرح گندے سرد پانی میں پڑی بڑبڑا رہی تھی۔ ہاتھ پیر مار رہی تھی۔ اِدھر اُدھر چھینٹے اُڑا رہی تھی اور اس قابل نہیں تھی کہ اٹھ سکے۔''

وہ کانپ اٹھا، اس کی آنکھیں سکڑ گئیں اس نے سر ہلایا اور آہستہ سے یہ تجویز پیش کی ''آؤ یہاں بیٹھ جائیں۔ شرابی عورت بڑی خوفناک اور گھناؤنی چیز ہے۔ میں اٹھنے میں اس کی مدد کرنا چاہتا تھا لیکن نہیں کر سکا۔ اس سے متلی ہوتی تھی۔ وہ اس طرح کیچڑ میں لت پت تھی اور ایسی چپک رہی تھی کہ اگر میں اسے چھو لیتا تو ایک مہینے تک دھونے کے بعد بھی اپنے ہاتھ صاف نہیں کر سکتا تھا۔ بڑا خوفناک نظارہ تھا! اور اس کے قریب ایک لٹھے پر سن کے سے رنگ کے بالوں اور بھوری آنکھوں والا ایک لڑکا بیٹھا تھا۔ اس کے چہرے پر آنسو بہہ رہے تھے، وہ ناک سے ہوں ہوں کر رہا تھا اور بے بس اور تھکی ہوئی آواز میں مدد کے لیے کہہ رہا تھا۔ ''اماں' اماں، اٹھو۔''

''عورت نے اپنے ہاتھ ہلائے، گلے سے غرغر کی آواز نکالی، تھوڑا سا سر اٹھایا اور پھر گندگی میں لڑھک گئی۔''

وہ ذرا سی دیر خاموش رہا، پھر اس نے چاروں طرف دیکھا اور بڑی بے چینی سے بالکل سرگوشی میں کہا ''ہاں، بڑا ہولناک نظارہ تھا! کیا تم نے بہت سی شرابی عورتیں دیکھی ہیں؟ بہت سی؟ یا خدا ایسی چیزوں کے بارے میں مت لکھنا، ایسی باتیں لکھنے کی کوئی ضرورت نہیں ہے!''

''کیوں؟''

اس نے میری آنکھوں میں آنکھیں ڈالیں، مسکرایا، اور میرے ہی سوال کو دہرایا۔

''کیوں؟''

پھر اس نے آہستہ آہستہ غور و تامل کے ساتھ کہا ''مجھے معلوم نہیں بس میرا خیال ہے کہ ایسی گھناؤنی چیزوں کے متعلق لکھنا شرمناک ہے لیکن پھر بھی ہم کیوں نہ لکھیں؟ نہیں، ہمیں ہر چیز لکھنی چاہیے اور ہر چیز کے بارے میں۔۔۔۔''

اس کی آنکھوں میں آنسو اُمنڈ آئے۔ اس نے آنسو پونچھ ڈالے، مسکرایا اور اپنے رومال کی طرف دیکھا۔ اس دوران میں اس کے چہرے کی جھریوں پر آنسو اسی طرح رواں تھے۔

''میں رو رہا ہوں' اس نے کہا ''میں بڈھا آدمی ہوں اور ایسی خوفناک باتوں کے بارے میں سوچنے سے میرے دل کو بڑی اذیت پہنچتی ہے۔''

اس نے پھر اپنی کہنی سے مجھے ہلکا سا ٹھوکا دیا۔ ''تمہاری زندگی بھی ختم ہو جائے گی اور ہر چیز ایسی ہی رہے گی جیسی پہلے تھی پھر تم بھی روؤ گے مجھ سے بھی بری طرح روؤ گے جیسا کسان عورتیں کہا کرتی ہیں، 'چشمے کی طرح' روئے۔ لیکن پھر بھی ہمیں لکھنا چاہیے، ہر چیز کے بارے میں لکھنا چاہیے۔ اگر ہم نہیں لکھیں گے تو شاید اس سن کے سے بالوں والے چھوٹے سے لڑکے کو ناگوار گزرے، شاید وہ ہمیں الزام دے اور کہے کہ ہم نے جو کچھ لکھا ہے سچ نہیں ہے، پوری طرح سچ نہیں ہے وہ سچائی کے بارے میں بڑا سخت ہے!''

پھر یکایک اس نے اپنے آپ کو سنبھالا اور بڑی گرم جوشی سے یہ تجویز پیش کی۔ ''آؤ مجھے کوئی کہانی سناؤ۔ تم بڑی اچھی کہانیاں سناتے ہو۔ کسی چھوٹے سے لڑکے کے بارے میں کوئی کہانی سناؤ، اپنے بارے میں سناؤ۔ مجھے یقین نہیں آتا کہ تم بھی کبھی چھوٹے سے لڑکے تھے۔ تم اتنے عجیب آدمی ہو۔ گویا تم اتنے ہی

پیدا ہوئے تھے۔ تمہارے اندر بہت سی باتیں بچوں کی سی اور ناپختگی کی ہیں، لیکن تمہیں زندگی کے بارے میں بہت کچھ معلوم ہے، تمہیں کچھ اور زیادہ جاننے کی ضرورت نہیں ہے۔ آؤ مجھے کہانی سناؤ۔۔۔"

وہ ایک پیڑ کی کھلی ہوئی جڑوں کے درمیان آرام سے بیٹھ گیا اور چیونٹیوں کو تنکوں میں چلتے پھرتے دیکھنے لگا۔

جنوب کے اس قدرتی منظر کے درمیان جو ہم شمال والوں کو غیر معمولی طور پر متنوع معلوم ہوتا ہے اس فراواں اور انتہائی حسین سبزے کے درمیان ٹولسٹوئے بیک وقت بے محل اور برمحل معلوم ہو رہا تھا۔ کچھ ایسا تھا جیسے ایک بہت قدیم آدمی، اس سارے علاقے کا مالک، آقا اور خالق، ایک صدی کی غیر حاضری کے بعد اپنے گھر لوٹ آیا ہو جسے خود اس نے تخلیق کیا تھا۔ وہ بہت سی چیزوں کو بھول گیا ہے، بہت سی چیزیں اس کے لیے نئی ہیں، ہر چیز ٹھیک ٹھاک ہے اور پھر ٹھیک بھی نہیں ہے اور اب اسے یہ دیکھنا ہے کہ کون سی چیز ٹھیک نہیں ہے اور کیوں۔

چنانچہ وہ ماہر پیمائش کرنے والے کی سی تیز رفتار سے راستوں پر چلنے لگا اور اپنی تیز نظروں سے چاروں طرف دیکھنے لگا جن سے ایک پتھر ایک خیال بھی نہیں چھوٹتا تھا۔۔۔ وہ پیمائش کر رہا تھا، محسوس کر رہا تھا، مقابلہ کر رہا تھا، اور اپنے غیر متزلزل خیالات کے زندہ بیجوں کو چاروں طرف بو رہا تھا۔ اس نے سولیر سے کہا "تم کچھ نہیں پڑھتے یہ بات بری ہے کیونکہ اس سے غرور ٹپکتا ہے گورکی کو دیکھو، یہ بہت پڑھتا ہے، اور یہ بات بھی بری ہے کیونکہ اس سے خود اعتمادی کی کمی ظاہر ہوتی ہے میں لکھتا بہت ہوں اور یہ بات بری ہے کیونکہ اس کا سبب ایک بڈھے آدمی کی

نمائش پسندی ہے۔اور دوسری وجہ یہ ہے کہ میں چاہتا ہوں ویسا ہی اور سب بھی سوچیں۔ میرا خیال ہے کہ میں جو کچھ سوچتا ہوں وہ میرے لیے اچھا ہے اور گورکی کا خیال ہے کہ جو کچھ میں سوچتا ہوں وہ اس کے لیے برا ہے، لیکن تم کچھ نہیں سوچتے۔۔تم بس میری طرف تکے جاتے ہو اور آنکھیں جھپکاتے رہتے ہو اور کسی ایسی بات کی تلاش میں رہتے ہو جس میں تم ٹانگ اڑا سکو۔تم ایسی بات میں ٹانگ اڑا دیتے ہو جسے تم بالکل سمجھتے ہی نہیں۔ پہلے بھی ایسا ہو چکا ہے، تم تھوڑی دیر تک تو الجھے رہتے ہو، لیکن جب بات تمہاری گرفت سے نکلنا شروع کر دیتی ہے تو تم اسے چھوڑ دیتے ہو۔چیخوف نے ایک بڑی عمدہ کہانی لکھی جس کا نام ہے ''ڈُوشیچکا'' اور تم کچھ اسی سے ملتے جلتے ہو''

''میں اس سے کس طرح ملتا ہوا ہوں؟'' سولیر نے ہنستے ہوئے پوچھا۔

''تو جہاں تک محبت کا تعلق ہے، تم محبت تو ٹھیک طرح کر سکتے ہو، لیکن تم مناسب انتخاب نہیں کر سکتے اور تم چھوٹی چھوٹی باتوں کے پیچھے اپنے آپ کو برباد کرتے ہو۔''

''ہمیشہ؟''

''ہمیشہ؟'' ٹولسٹوئے نے دہرایا ''نہیں، ہمیشہ نہیں''

اس نے یکا یک میری طرف مڑ کر ایک سوال کیا جو چوٹ کی طرح معلوم ہوا۔''تم خدا کو کیوں نہیں مانتے؟''

''میرے اندر عقیدے کی کمی ہے، لیونکولائے وچ''

''یہ درست نہیں ہے۔تم فطرتاً ایک خوش عقیدہ آدمی ہو۔تمہارا کام خدا

کے بغیر نہیں چل سکتا۔ تمہیں جلدی ہی یہ بات معلوم ہوجائے گی۔ صرف تمہاری ضد تمہیں خدا پر ایمان لانے سے روک رہی ہے۔ تم اپنے دل میں ایک شکایت کی پرورش کر رہے ہو کیونکہ دنیا اس طرح نہیں بنائی گئی جس طرح تم چاہتے ہو۔ دوسرے لوگ بزدلی کی وجہ سے ایمان نہیں لاتے۔ نوجوان لوگوں کے ساتھ اکثر ایسا ہوتا ہے کہ وہ کسی عورت سے محبت کرتے ہیں لیکن اسے یہ بات بتانا نہیں چاہتے کیونکہ وہ ڈرتے ہیں کہ ان کی محبوبہ سمجھے گی نہیں اور بہرحال ان کے اندر اتنی ہمت ہوتی ہی نہیں کہ وہ اس سے کہہ سکیں۔ لیکن محبت کی طرح ایمان کے لیے بھی ہمت اور جرات کی ضرورت ہوتی ہے۔ تمہیں اپنے آپ سے کہنا چاہیے کہ 'میں خدا پر ایمان رکھتا ہوں' پھر سب بات ٹھیک ہوجائے گی ہر بات اسی طرح ہوگی جس طرح تم چاہتے ہو، ہر بات کا مطلب تمہاری سمجھ میں آ جائے گا۔ اور ہر چیز تمہیں لبھائے گی۔ تم ایک ایسے آدمی ہو جسے بہت سی چیزوں سے محبت ہے اور ایمان صرف ایک قوی تر محبت ہے۔ بس تمہیں اتنی بات کرنی ہے کہ ذرا اور زیادہ محبت کرنے لگو پھر محبت ایمان میں تبدیل ہوجائے گی۔ جب آدمی کسی عورت سے محبت کرتا ہے تو اس کے لیے وہ عورت دنیا کی بہترین عورت ہوجاتی ہے، بالکل بہترین، ہر آدمی بہترین چیز سے محبت کرتا ہے اور یہی ایمان ہے۔ جو ایمان نہیں رکھتے محبت نہیں کر سکتے وہ آج اس عورت پر عاشق ہوتے ہیں اور اگلے سال دوسری عورت پر۔ ایسے لوگوں کی روحیں آوارہ گرد ہیں، ایسے آدمی لاحاصل زندگی بسر کرتے ہیں اور یہ برا ہے۔ تم پیدا ہی ایک ایمان والے آدمی ہوئے، کچھ اور بننے کی کوشش مت کرو۔ تم حسن کے متعلق باتیں کرتے ہو؟ اور حسن کیا چیز ہے؟ اعلیٰ ترین اور مکمل ترین حسن خدا ہے۔''

اس نے اس موضوع پر پہلے کبھی مجھ سے باتیں نہیں کی تھیں۔ یہ بات اتنی اہم اور غیر متوقع تھی کہ میں بڑا متاثر ہوا اور میں نے کچھ نہیں کہا۔ وہ صوفے پر بیٹھا تھا اور اس کی ٹانگیں نیچے گھسی ہوئی تھیں۔ اس کی داڑھی میں سے ایک فاتحانہ مسکراہٹ چمک رہی تھی۔ اس نے میری طرف تہدیدانہ انگلی ہلاتے ہوئے کہا، ''ہوں، تمہارے پاس اس کا کوئی جواب نہیں ہے، کیوں؟''

اور میں نے جو خدا پر اعتقاد نہیں رکھتا اس کی طرف بڑی احتیاط سے اور کچھ ڈرتے ہوئے دیکھا اور دیکھتے ہوئے میں نے سوچا۔

''یہ آدمی خدا سے مشابہ ہے!''

☆……☆……☆

104

۵

لیوٹولسٹوئے

(''رُوسی ادب کی تاریخ'' سے اقتباسات)

۱۹۰۸-۹ء

اُنیسویں صدی میں روسی سماج کو جن باتوں کا تجربہ ہوا تھا۔ ان کے خلاصے کی حیثیت سے ٹولسٹوئے کی تصانیف کی تاریخی اہمیت اب لوگ اچھی طرح سمجھتے ہیں۔ ایک زبردست جوہر والے انسان کی لگا تار محنت کی یادگار کے طور پر اس کی کتابیں صدیوں زندہ رہیں گی۔ اس کی کتابیں وہ دستاویزات ہیں جن سے انیسویں صدی کی ایک عظیم شخصیت کی جستجو اور کاوش ظاہر ہوتی ہے جو روس کی تاریخ میں اپنے لیے ایک سبب اور ایک مقام تلاش کر رہی تھی۔

ہمیں ٹولسٹوئے کے خیالات اور انفعالیت کے ان گھڑ اور مبنی بر مقصد نظریئے سے اُلجھنے کی ضرورت نہیں ہے۔ ہم جانتے ہیں کہ اپنے آخری نتائج کے اعتبار سے یہ نظریہ انتہائی رجعت پسندانہ ہے۔ ہم جانتے ہیں کہ اس میں ضرر رسانی کی بڑی صلاحیت ہے اور اس سے واقعی بڑا نقصان پہنچا ہے۔ یہ سب باتیں ہم جانتے ہیں۔

لیکن ان سب باتوں کے علاوہ ٹولسٹوئے کی کھنچی ہوئی روسی زندگی کے ہر شعبے کی رنگین اور جاندار تصویریں باقی بچتی ہیں جنہیں اس نے بڑی وسعت نظر کے ساتھ تیار کیا ہے۔ انسانی زندگیوں اور روحانی تجربات کے بارے میں اس کی گہری بصیرت باقی بچتی ہے جنہیں اس نے حیرت انگیز سچائی اور سادگی کے ساتھ بیان کیا ہے۔ اس کے کام کا یہ حصہ بڑی زبردست قدر و قیمت رکھتا ہے اور اس پر کسی کو بھی اعتراض نہیں ہوسکتا۔ ہم اس پر فخر کر سکتے ہیں اس سے یہ سیکھ سکتے ہیں کہ انسان کی عزت کس طرح کریں، زندگی کو کس طرح سمجھیں اور اپنے مسائل کا نڈر ہو کر کس طرح مقابلہ کریں۔

ٹولسٹوئے پوری طرح روسی ہے۔ اس کی روح میں ہماری پیچیدہ روسی ذہنیت کی ہر خصوصیت اس کمال کے ساتھ موجود ہے کہ یقین نہیں آتا۔ اس کے اندر واسکا بُوسلائف کی ساری وحشت پسندی ہے اور وقائع نگار نیستور کی ساری نرم مزاجی اور غور و فکر، آداکوم کی طرح وہ اپنے عقیدے میں مجبونانہ سرگرمی رکھتا ہے اور خاوایف کی طرح تشکک بھی۔ اس کی شعریت پوشکن سے کم نہیں ہے اور وہ اتنا ہی عقلمند ہے جتنا ہرزن۔ ٹولسٹوئے بذات خود ایک دنیا ہے۔ وہ بڑا راست باز آدمی ہے اور دوسری چیزوں کو چھوڑتے ہوئے وہ ہمارے لیے اس وجہ سے بیش قیمت ہے کہ اس کی ساری ادبی تصانیف، اس کے ناول اور کہانیاں سب جو اتنے تند و تیز جذبے کی حامل ہیں اور معجزنما شدت کے ساتھ لکھی گئی ہیں اس کے مذہبی فلسفے کی سرتاپا تردید کرتی ہیں۔

حقیقت ایک زندہ عمل ہے جو ہر وقت رواں رہتا ہے ہر وقت تبدیل ہوتا

رہتا ہے۔ یہ تمام ممکن خیال آرائیوں سے زیادہ وسیع اور عمیق ہے۔

ٹولسٹوئے اپنے خیالات کی تصدیق کے لیے براہ راست حقیقت سے مدد لینا چاہتا تھا۔ اس کی یہ کوشش اکثر اتنی ان گھڑ ہوتی تھیں کہ ان کی تہہ میں صاف ایک میلان نظر آتا ہے کبھی تو یہ معلوم ہوتا ہے کہ حقیقت اس کے انفعالیت والے نظریے کی تائید کر رہی ہے لیکن پھر وہ صاف دکھا دیتی ہے کہ صرف ایک میلان انسان کے شایانِ شان ہے یعنی مثبت عمل، انسانی معاملات میں انسانی عقل اور انسانی ارادے کا براہ راست دخل۔

ٹولسٹوئے اس بات کو اچھی طرح جانتا تھا اور خود بھی اپنی کوششوں کا مذاق اڑاتا تھا لیکن مذاق اڑاتے ہوئے بھی وہ یہی کوشش پھر کرنے لگتا تھا، یعنی وہ حقیقت کو توڑ مروڑ کر اپنے فلسفے سے ہم آہنگ بنانا چاہتا تھا۔

ذاتی طور پر ٹولسٹوئے ہمیشہ اپنے آپ کو دوسروں سے الگ کرنے اور ان سے بلند ہو جانے کی کوشش کیا کرتا تھا ایسے آدمی کے اندر یہ ایک فطری خواہش ہے جو یہ جانتا تھا کہ اس کی شخصیت وہ نگیں ہے جو اُس کے ملک کی تاریخ میں ایک پورے عہد کے سر پر جگمگا رہا ہے جو یہ جانتا تھا کہ سو سال کے عرصے میں اس کے سماجی گروہ اور اس کے طبقے نے جو کچھ حاصل کیا وہ اس کی شکل میں مجسم ہو کر ظاہر ہو رہا ہے۔

اس کے لیے اپنے طبقے کے جنگجویانہ میلانات کو رد کرنے کے علاوہ اور کوئی چارہ کار نہ تھا، کیونکہ اس کا طبقہ اپنا کام ختم کر چکا تھا اور اب پوری طرح انحطاط پذیر تھا اور اس کے رجحانات رجعت پسندانہ اور بے جان تھے۔ ٹولسٹوئے نے ان

میلانات کی بڑی تندی اور درشتی سے مخالفت کی اور ان کے بجائے عیسوی نراجیت کے اصول پیش کیے۔ اگر ہم یہ بات یاد رکھیں کہ اسے کتنا لمبا اور مشکل راستہ طے کرنا تھا تو ہم اس سے اور زیادہ کا مطالبہ نہیں کر سکتے۔ ہم دیکھ سکتے ہیں کہ اس آدمی کا کارنامہ دراصل بہت زبردست ہے۔ اس نے حیرت انگیز سچائی زور اور حسن کے ساتھ ہمیں ایک پوری صدی کے تجربات کا خلاصہ دیا ہے۔

جو آدمی ٹولسٹوئے کو نہیں جانتا وہ ہمارے ملک کو نہیں جانتا اور نہ اسے تہذیب یافتہ سمجھا جا سکتا ہے۔

۶

چیخوف

۱۹۰۵ء اور ۱۹۱۴ء

ایک دن اس نے مجھے ملاقات کے لیے اپنے گاؤں کُوچوک کوئے میں بلایا جہاں اس کے پاس تھوڑی سی زمین اور ایک چھوٹا سا سفید دومنزلہ مکان تھا۔ مجھے اپنی ریاست کا معائنہ کراتے ہوئے اس نے کہا:-

''اگر میرے پاس بہت سا روپیہ ہوتا تو میں گاؤں کے بیمار اسکول ماسٹروں کے لیے یہاں ایک صحت گاہ بناتا۔ میں ایک ایسا مکان بنواتا جس کی اونچی چھت اور بڑی بڑی کھڑکیاں ہوتیں تاکہ خوب روشنی آئے، سمجھے خوب روشنی آئے۔ میں اس کے ساتھ بڑا عمدہ کتب خانہ بھی رکھتا اور ہر طرح کے باجے، شہد کی مکھیاں پالنے کے لیے چھتہ، ترکاریوں کا باغ اور ایک باغیچہ میں دیہاتی اقتصادیات اور موسمیات کے بارے میں تقریریں کراتا کیونکہ اسکول ماسٹر کو ہر بات جاننی چاہیے۔ ہر بات!''

یکا یک وہ رک گیا کچھ کھانسا میری طرف ترچھی نظروں سے دیکھا اور اپنے مخصوص مشفقانہ اور ملائم انداز میں مسکرایا۔ اس کی مسکراہٹ ناقابل بیان طور پر

دلکش تھی اور مجھے ہمیشہ اس کی باتیں انتہائی غور سے سننے پر مجبور کردیتی تھیں۔

''کہیں میں اپنی بیداری کے خوابوں سے تمہارا مغز تو نہیں چاٹ گیا؟
لیکن مجھے ان چیزوں کے متعلق باتیں کرنے میں بڑا مزا آتا ہے۔ کاش تم جانتے
کہ روسی گاؤں کو نیک، ذہین اور تعلیم یافتہ سکول ماسٹر کی کتنی ضرورت ہے! یہاں
روس میں ہمیں گاؤں کے اسکول ماسٹر کے لیے خاص حالات فراہم کرنے چاہئیں
اور یہ کام بڑی جلدی کرنا چاہیے کیونکہ عوام کی وسیع پیمانے پر تعلیم کے بغیر ہمارا ملک
کچی اینٹوں کے مکان کی طرح بیٹھ جائے گا۔ اُستاد کو تو ایک فن کار، ایک صنعت گر
ہونا چاہیے، جسے اپنے کام سے بڑی گہری محبت ہو لیکن ہمارے ملک میں تو استاد
ایک بے ہنر مزدور ہوتا ہے۔ ایک معمولی لکھا پڑھا آدمی جو دیہات میں جا کے بچوں
کو پڑھانے کے کام کو اتنی ہی رضامندی سے قبول کرتا ہے جتنا جلاوطن ہونے کو۔
ہمارے اُستاد بھوکے اور خوفزدہ ہیں۔ انہیں یہ دھڑکا لگا رہتا ہے کہ کہیں یہ روٹی کا
سوکھا ٹکڑا بھی ہاتھ سے نہ چلا جائے۔ لیکن ہمیں ایسے آدمیوں کی ضرورت ہے جو
گاؤں میں رہنما کا کام سرانجام دیں جو کسانوں کے تمام سوالات کا جواب دے
سکیں، جنہیں کسان لوگ مضبوط آدمی اور توجہ اور عزت کے لائق سمجھ سکیں۔ کسی کو یہ
حق نہیں ہونا چاہیے کہ انہیں ڈانٹے ڈپٹے اور ان کی تذلیل کرے جو آج کل ہر
آدمی کر سکتا ہے! پولیس کا سپاہی، مالدار تاجر، پادری، اسکول کا نگراں، بڈھے اور وہ
افسر بھی جسے اسکول کا انسپکٹر کہتے ہیں لیکن جس کا کام متعلم کو ترقی دینا نہیں ہے بلکہ
صرف یہ دیکھتے رہنا کہ اوپر سے جو ہدایات آتی ہیں ان پر حرف بحرف عمل ہوتا ہے
یا نہیں۔ کیا یہ مہمل بات نہیں کہ جس آدمی سے عوام کو تعلیم دینے کی توقع کی جاتی ہے،
اسے آپ صرف پیٹ بھر روٹی دیتے ہیں؟ سمجھ لو، عوام کو تعلیم دینے کی توقع! ہم یہ

کس طرح برداشت کرتے ہیں کہ یہ آدمی چیتھڑوں میں لپٹا رہے سیلے ہوئے ٹوٹے پھوٹے اسکولوں میں سردی سے ٹھٹھرے، زکام میں مبتلا ہو، بخار میں جلنے اور تیس سال کا ہوتے ہوتے گٹھیا، تپدق یا سینے کی بیماری میں پکڑا جائے؟ ہمیں اپنے اوپر شرم آنی چاہیے۔ سال میں آٹھ نو مہینے تو ہمارے گاؤں کا اسکول ماسٹر بالکل راہب کی طرح زندگی بسر کرتا ہے، اس کے پاس کوئی بات کرنے تک کو نہیں ہوتی، نہ کتابیں ہوتی ہیں اور نہ کوئی تفریح کا سامان، تنہائی سے اس کا دماغ کند ہو جاتا ہے اگر وہ ملاقات کے لیے دوستوں کو بلاتا ہے تو اس پر تخریبی رجحانات کا الزام لگایا جاتا ہے۔

یہ ایک احمقانہ فقرہ ہے جس سے چالاک لوگ بے وقوفوں کو دھوکا دیتے ہیں جو لوگ ایک بڑا کام، ایک زبردست اہم کام سرانجام دے رہے ہیں، آپ ان کا اس طرح مذاق بناتے ہیں۔ جب میں کسی سکول ماسٹر کو دیکھتا ہوں تو مجھے بڑی شرم آتی ہے۔ کیونکہ وہ بڑا خوفزدہ ہوتا ہے اور انتہائی خراب کپڑے پہنے ہوتا ہے۔ مجھے ہمیشہ یہ محسوس ہوتا ہے کہ استادوں کی خستہ حالی کا ذمہ دار میں ہی ہوں۔ واقعی یہی معلوم ہوتا ہے۔

وہ رک گیا کچھ سوچنے لگا اور پھر پرسکون آواز میں بولا 'ہاں ہمارا روس ایک مہمل اور بے ڈھنگا ملک ہے'

ایک گہرے رنج وغم کا سایہ اس کی خوبصورت آنکھوں پر چھا گیا۔ ان کے چاروں طرف جھریوں کا ایک نفیس جال سا نمودار ہو گیا جس نے اس کی نگاہ میں ایک عجیب گہرائی پیدا کر دی۔ اس نے چاروں طرف دیکھا اور کچھ مصنوعی تمسخر کے ساتھ مسکراتے ہوئے کہا "دیکھا میں نے تمہیں ایک آزاد خیال، اخبار کا بڑا مکمل شذرہ پڑھ کے سنا دیا تم بڑے صبر کے ساتھ سنتے رہے ہو۔ آؤ اس کے انعام میں

تمہیں چائے پلاؤں۔''

اکثر اس کا انداز یہی ہوتا تھا وہ بڑی سنجیدگی، خلوص اور سرگرمی سے باتیں کرتا تھا پھر یکا یک اپنے اوپر اور اپنی باتوں پر ہنسنے لگتا تھا اور اس ملائم اور افسردگی آمیز طنز میں ایک ایسے آدمی کا لطیف تشکک محسوس ہوتا تھا جو الفاظ اور خوابوں کی قدر و قیمت سے واقف تھا۔

لیکن اس کے طنز سے بھی اس کا پیارا پیارا انکسار اور نازک احساس مندی جھلکتی تھی۔

چپ چاپ اور آہستہ آہستہ چلتے ہوئے ہم مکان کے اندر چلے گئے۔ دن گرم اور صاف تھا۔ سورج کی چمکدار کرنوں کے نیچے سمندر جگمگا رہا تھا اور ہلکے ہلکے سرگوشیاں کر رہا تھا۔ پہاڑی کے نیچے ایک کتا خوشی کے مارے بھونک رہا تھا۔ چیخوف نے میرا بازو پکڑ لیا، کھانسا اور آہستہ آہستہ کہنے لگا '' یہ بڑے رنج اور شرم کی بات ہے لیکن ہے سچ کہ بہت سے آدمی ایسے ہیں جو کتوں پر رشک کرتے ہیں۔'' یہ کہتے ہی وہ ہنس پڑا اور بولا '' آج مجھے بک بک جھک جھک کے سوائے کوئی بات ہی نہیں سوجھ رہی اس کے معنی ہیں کہ میں بڈھا ہوتا جا رہا ہوں۔!''

اکثر میں اسے یہ کہتے ہوئے سنتا تھا! ''سنو ایک اسکول ماسٹر مجھ سے ملنے آیا ہے۔ وہ شادی شدہ ہے اور بیمار ہے۔ کیا تم کسی طرح اس کی مدد کر سکتے ہو؟ فی الحال تو میں نے اس کا انتظام کر دیا ہے۔''

یا ''سنو گور کی ایک اسکول ماسٹر ہے جو تم سے ملنا چاہتا ہے وہ بیمار ہے اور باہر نہیں نکل سکتا کیا تم چل کے اس سے مل سکتے ہو؟''

یا ' کچھ اسکول کی استانیوں نے کتابیں منگوائی ہیں۔۔''

بعض دفعہ اس کے گھر میری ملاقات اس طرح کے کسی آدمی سے ہوا کرتی تھی۔ عام طور پر گھبراہٹ کے مارے بیچارے ماسٹر کا چہرہ سرخ ہو جاتا تھا، وہ پسینے میں ڈوب جاتا اور بالکل کرسی کے سرے پر بیٹھ جاتا۔ وہ بڑی کوشش سے الفاظ چن چن کر بولتا تاکہ جتنا ممکن ہو سکے روانی سے اور تعلیم یافتہ لوگوں کی طرح باتیں کرے۔ ورنہ انتہائی شرمیلے آدمیوں کی طرح جی چھوڑ بیٹھتا اور اپنی پوری قوت اس بات میں صرف کر دیتا کہ اس زبردست مصنف کی نظروں میں کند ذہن نہ معلوم ہو اور چیخوف پر سوالوں کی بوچھاڑ کر دیتا جو غالباً اس لمحے سے پہلے کبھی اس کے دماغ میں نہیں آئے تھے۔

چیخوف ان بے ڈول کوششوں کو ہمیشہ بڑے غور سے سنتا۔ اس کی افسردہ آنکھوں میں مسکراہٹ ٹمٹمانے لگتی اس کی کنپٹیوں کی چھوٹی چھوٹی جھریاں پھڑکنے لگتیں اور پھر وہ اپنی گہری اور ملائم آواز میں بولنا شروع کر دیتا۔ وہ سیدھے سادے صاف اور معمولی الفاظ استعمال کرتا جن سے نہ معلوم کس طرح ملاقاتی کا اضطراب فوراً دور ہو جاتا اور وہ ہوشیار اور عقلمند نظر آنے کی کوشش چھوڑ دیتا جس سے وہ پہلے کی بہ نسبت کہیں زیادہ ہوشیار اور دلچسپ معلوم ہونے لگتا۔

مجھے ان میں سے ایک ماسٹر اچھی طرح یاد ہے۔ وہ لمبے قد کا تھا اور اس کی ہڈیاں نکلی ہوئی تھیں۔ اس کا چہرہ زرد اور بھوکا سا تھا اور اس کی لمبی خمیدہ ناک بڑی افسردگی کے ساتھ ٹھوڑی کی طرف نیچے کو مڑتی چلی جاتی تھی۔ وہ چیخوف کے مقابل بیٹھا اور اور اپنی سیاہ آنکھوں سے برابر اس کی طرف تکے جا رہا تھا اور کچھ اکھڑی ہوئی سی نیچی آواز میں کہہ رہا تھا۔ ''تعلیم کے زمانے میں زندگی کے ایسے تاثرات ایک نفسیاتی بوجھ بن جاتے ہیں جو گردو پیش کی دنیا سے معروضی تعلق کے امکان کو

بالکل ختم کر دیتے ہیں لیکن دنیا صرف اس کے بارے میں ہمارے تصور کے علاوہ اور کیا ہے۔۔۔"

یہاں وہ فلسفے کی سرزمین میں کود پڑا اور اس طرح لڑکھڑاتا ہوا چلنے لگا جیسے برف پہ شرابی۔

"مجھے یہ بتائیے"۔ چیخوف نے ملائمت سے مشفقانہ انداز میں کہا "کہ آپ کے ضلع میں کونسا ماسٹر بچوں کو پیٹتا ہے؟"

ماسٹر کرسی سے اچھل پڑا اور اس نے احتجاج کرنے کے لیے دونوں ہاتھ اٹھا دیئے۔ اور کہا! "میں بچوں کو پیٹتا ہوں! میں نے تو عمر بھر میں کبھی کسی کو نہیں پیٹا" اور وہ مارے غصے کے زور زور سے سانس لینے لگا۔

"دیکھئے، دیکھئے، اتنے جوش میں نہ آیئے" چیخوف نے بڑا یقین دلانے والی مسکراہٹ کے ساتھ کہا "میں آپ کا ذکر نہیں کر رہا لیکن مجھے یاد ہے میں نے کہیں اخبار میں پڑھا تھا کہ ماسٹر بچوں کو مارتے ہیں اور یہ آپ کے ضلع کا ذکر تھا۔"

ماسٹر بیٹھ گیا۔ اس نے اپنے ماتھے سے پسینہ پونچھا، مطمئن ہو کر ٹھنڈا سانس لیا اور اپنی گہری اور بے رنگ آواز میں بولا۔ "ہاں یہ ٹھیک ہے۔ ایک ایسا آدمی ہے۔ اس کا نام ماکاروف ہے۔ لیکن آپ جانتے ہیں کہ اس میں کوئی تعجب کی بات نہیں ہے۔ بات بری ضرور ہے لیکن آپ اس کی وجہ سمجھ سکتے ہیں۔ وہ شادی شدہ ہے، چار بچے ہیں، بیوی بیمار ہے، خود اسے تپدق ہے اور اس کی تنخواہ بیس روبل ماہوار ہے۔ اسکول کا کمرہ کیا ہے۔ ایک چھوٹی سی کوٹھڑی ہے اور ایک کمرے میں ماسٹر رہتا ہے۔ ان حالات میں آسمان کے معصوم فرشتے کو بھی پیٹنے کو جی چاہے گا اور ظاہر ہے کہ اسکول کے بچے فرشتے نہیں ہوتے یہ تو میں آپ کو بتائے دیتا ہوں۔"

اور یہ آدمی جس نے ایک منٹ پہلے چیخوف کو اتنی بے رحمی سے لمبے لمبے الفاظ کے برفانی ریلے میں دفن کر دیا تھا، اب بڑے پراسرار طریقے سے اپنی مڑی ہوئی ناک ہلا رہا تھا اور آزادی سے بول رہا تھا۔ اس کے الفاظ سیدھے سادے اور پتھروں کی طرح وزن دار تھے جو کچھ وہ کہہ رہا تھا اس کی باتوں سے اس خوفناک اور ملعون حقیقت یعنی روسی گاوؤں میں عوام کی زندگی پر ایک بڑی ہولناک اور تکلیف دہ روشنی پڑتی تھی۔

جب یہ ماسٹر رخصت ہونے لگا تو اس نے چیخوف کا نازک اور خشک چھوٹا سا ہاتھ اپنے دونوں ہاتھوں میں پکڑ لیا۔ اسے ہلایا اور بولا 'میں بڑا خوف زدہ اور لرزتا ہوا آپ کے پاس آیا تھا جیسے کوئی بڑے لوگوں سے ملنے جاتا ہے اور آپ کو یہ دکھانے کے لیے میں پیلو کی طرح اکڑ اکڑ کے چل رہا تھا کہ میں نرا گنوار اور اُجڈ نہیں ہوں۔ اب میں آپ سے اس طرح رخصت ہو رہا ہوں جیسے کسی بڑے عمدہ اور گہرے دوست سے جو سب باتیں سمجھتا ہو۔ سب چیزوں کو سمجھنا بھی بڑی زبردست بات ہے آپ کا بہت بہت شکریہ! اب مجھے چلنا چاہیے۔ میں اپنے ساتھ نفیس خیال واپس لے کے جا رہا ہوں کہ بڑے آدمی بڑے سیدھے سادے ہوتے ہیں، ہر بات کو سمجھتے ہیں اور جن مصائب کے درمیان ہم زندگی گزارتے ہیں ان کی بہ نسبت ہم جیسے غریب آدمیوں سے ان کی روح زیادہ قریب ہوتی ہے۔ خدا حافظ، میں آپ کو کبھی نہیں بھول سکتا۔''

اس کی لمبی ناک پھڑکنے لگی اس کے ہونٹ ایک محبت آمیز مسکراہٹ کی شکل میں خمیدہ ہو گئے اور اس نے بالکل غیر متوقع طور پر کہا ''اور دیکھئے اگر آپ اس بات کو سوچیں تو خدا انہیں غارت کرے، یہ بدمعاش لوگ بھی کافی غمزدہ ہوتے

ہیں!"

جب وہ جا رہا تھا تو چیخوف اس کی طرف دیکھ کر مسکرایا اور کہا۔ "بڑا عمدہ آدمی ہے وہ زیادہ دن تک ماسٹر نہیں رہ سکتا۔"

"کیوں؟"

"وہ لوگ اس بات کو برداشت نہیں کر سکے۔ یہ آدمی برخاست ہو جائے گا" وہ رکا کچھ سوچا اور پھر ملائم آواز میں بولا۔ "رُوس میں ایماندار آدمی اس ہوّے کی طرح ہے جس سے آیائیں بچوں کو ڈراتی ہیں۔"

چیخوف کے سامنے ہر آدمی خود بخود زیادہ سادہ دل، زیادہ سچا اور اپنا آپ بن جانا چاہتا تھا۔ میں نے اکثر دیکھا ہے کہ لوگوں نے کتابوں سے لیے ہوئے فقروں، فیشن والے الفاظ اور دوسری چھوٹی چھوٹی سستی باتوں کو بالکل ترک کر دیا جن سے روسی لوگ یورپ والے بننے کی کوشش میں اپنے آپ کو اس طرح آراستہ کیا کرتے تھے جیسے وحشی لوگ کوڑیوں اور مچھلی کے دانتوں کا ہار پہن لیتے ہیں۔ چیخوف کو مچھلی کے دانتوں، مور کے پروں، اور ایسی تمام رنگین، بھڑک دار اور غیر معمولی چیزوں سے نفرت تھی جنہیں لوگ زیادہ اہم نظر آنے کے لیے اختیار کر لیتے تھے۔ ایسی چیزوں سے اسے بڑی گھبراہٹ ہوتی تھی اور میں نے غور کیا ہے کہ جب کبھی وہ کسی کو ان چیزوں میں ملبوس دیکھتا تھا تو فوراً اُسے اس تمام غیر ضروری اور بے معنی کباڑ سے نجات دلانا چاہتا تھا جو اس آدمی کے اصلی چہرے اور اس کی زندہ روح کو بگاڑ رہا تھا۔ عمر بھر چیخوف خود اپنے دماغی اور روحانی ذخیروں کے سہارے زندہ رہا۔ اس نے اپنے آپ سے ہمیشہ سچائی برتی، کبھی اپنی باطنی آزادی کو ہاتھ سے نہیں جانے دیا اور کبھی اس بات کی فکر نہیں کی۔ انتون چیخوف سے

دوسرے لوگ کیا توقع یا کیا مطالبہ کرتے ہیں۔ ''اسے بلند موضوعات'' پر گفتگو سخت ناپسند تھی وہ گفتگو جو ہمارے عزیز روسی لوگوں کے لیے فرار کا بڑا محبوب ذریعہ تھی۔ یہ لوگ اس بات کو بھول جانا چاہتے تھے کہ جب فی الحال آدمی کے پاس ایک صاف پاجامہ تک نہ ہو اس وقت مستقبل میں ملنے والے عمدہ عمدہ کپڑوں کے بارے میں بحث کرنا کوئی عقل وفہم کی بات نہیں ہے بلکہ مضحکہ خیز ہے۔ چیخوف کی سادگی میں بھی ایک حسن تھا وہ ہر سیدھی سادی حقیقی اور پرخلوص چیز سے محبت کرتا تھا اور لوگوں کو سادہ مزاج بنانے کا بھی اس نے الگ طریقہ نکال رکھا تھا۔

ایک دن تین عورتیں اس سے ملنے آئیں جو بڑے عمدہ لباس میں تھیں، انہوں نے اس کے کمرے کو ریشمی کپڑے کی سرسراہٹ اور تیز عطر کی خوشبو سے بھر دیا۔ وہ بڑے انداز سے اپنے میزبان کے مقابل بیٹھ گئیں اور یہ دکھانے کی کوشش کی کہ انہیں سیاست سے بڑی دلچسپی ہے اور سوالات کرنے شروع کر دیئے۔

'آنتون پافلووچ، آپ کے خیال میں لڑائی کا انجام کیا ہوگا؟'

چیخوف نے گلا صاف کیا، کچھ سوچا اور بڑی سنجیدگی کے ساتھ ملائمت آمیز انداز میں کہا:

''میرا خیال ہے کہ غالباً اس کا انجام امن ہوگا۔''

''ہاں، یہ تو ٹھیک ہے، لیکن جیتے گا کون؟ یونانی یا ترک؟''

''میرا خیال ہے کہ جو لوگ زیادہ مضبوط ہوں گے وہی جیت جائیں گے۔''

''لیکن آپ کے خیال میں کون زیادہ مضبوط ہے؟'' عورتوں نے پوچھا۔

''جن کے پاس کھانے کو زیادہ ہے اور جو زیادہ تعلیم یافتہ ہیں۔''

''آہا، کیسا مزیدار فقرہ کہا ہے!'' ایک عورت چیخ پڑی۔

''آپ کو کون لوگ زیادہ پسند ہیں، یونانی یا ترک؟'' ایک دوسری عورت نے پوچھا۔

چیخوف نے بڑے دلکش انداز سے اس کی طرف دیکھا اور حلیمانہ اور محبت آمیز مسکراہٹ کے ساتھ کہا ''مجھے تو سب سے زیادہ نارنگیوں کا مربہ پسند ہے اور آپ، آپ کو پسند ہے یا نہیں؟''

''بہت زیادہ'' عورت نے بڑی زندہ دلی سے کہا۔

''ہاں، بڑی نفیس خوشبو ہوتی ہے، ہے نا؟'' تیسری عورت نے سنجیدگی سے تصدیق کی۔

اور وہ تینوں بڑی گرمجوشی سے باتیں کرنے لگیں، انہوں نے مرّبے سے متعلق سارے مسائل کے سلسلے میں بڑی واقفیت کا اظہار کیا اور اس موضوع کے بارے میں گہری علمیت کا ثبوت دیا۔ ظاہر ہے کہ انہیں اس بات سے بڑی خوشی ہوئی کہ اب انہیں کوئی ذہنی کاوش نہیں کرنی پڑ رہی تھی اور نہ انہیں یہ دکھانا پڑ رہا تھا کہ یونانیوں اور ترکوں سے جن کی طرف انہوں نے پہلے کبھی توجہ کی ہی نہیں تھی انہیں بڑی سنجیدہ دلچسپی ہے۔

رُخصت ہوتے ہوئے انہوں نے بڑے ہنس ہنس کر چیخوف سے وعدہ کیا کہ ہم آپ کو بہت سا مربہ بھیجیں گی۔

جب وہ چلی گئیں تو میں نے چیخوف سے کہا۔ ''آپ نے موضوع بڑی عمدگی سے بدلا۔''

چیخوف ہنسا اور کہنے لگا ''ہر آدمی کے لیے اپنی زبان بولنا ہی مناسب

ہے۔''

ایک اور مرتبہ میں نے اس کے کمرے میں ایک جوان اور خوبصورت آدمی دیکھا۔ وہ آدمی سرکاری وکیل کا نائب تھا وہ چیخوف کے سامنے کھڑا تھا اور کہہ رہا تھا۔

''آپ کی اس کہانی 'بدکردار' نے مجھے بڑی الجھن میں ڈال دیا ہے۔ اگر میں فرض کرلوں کہ ونیس گریگوریف کے دل میں برے ارادے چھپے ہوئے ہیں اور وہ قصداً یہ حرکت کرتا ہے تو لوگوں کی حفاظت کے خیال سے مجھے بلا کسی شرط کے ونیس کو جیل خانے بھیج دینا چاہیے۔ اس کے برخلاف یہ بات ہے کہ وہ بالکل وحشی ہے، اسے پتہ نہیں کہ اس کے افعال مجرمانہ ہیں اور مجھے اس پر بڑا رحم آتا ہے۔ لیکن اگر میں اسے ایک ایسا آدمی مان لوں جو سمجھے بوجھے بغیر یہ حرکتیں کر رہا ہے، اگر میں اپنے ہمدردی کے جذبات سے مغلوب ہو جاؤں تو مجھے یہ کیسے یقین ہو سکتا ہے کہ ونیس کی پٹڑیوں کے پیچ دوبارہ نہیں کھولے گا اور کسی نئے حادثے کا ذمہ دار نہیں ہوگا؟ مسئلہ یہ بتائیے میں کیا کروں؟''

جب وہ اپنی بات ختم کر چکا تو اس نے اپنا سر اوپر کو اٹھا دیا اور مستفسرانہ نظروں سے چیخوف کی طرف تکنے لگا اس کی وردی بالکل نئی تھی اور اس کے سینے پر بٹن اسی احمقانہ اور گستاخانہ انداز سے چمک رہے تھے جیسے انصاف کے اس نوجوان متلاشی کے خوب منجھے ہوئے چہرے پر اس کی آنکھیں۔

''اگر میں جج ہوتا تو ونیس کو چھوڑ دیتا'' چیخوف نے بڑی سنجیدگی سے جواب دیا۔

''کس بنا پر؟''

''میں اس سے کہتا، 'دیکھو وینس، ابھی تم میں اتنی پختگی نہیں آئی کہ شعوری طور پر مجرم بن سکو۔ جاؤ اور تھوڑی سی پختگی حاصل کرو۔''

سرکاری وکیل کا نائب ہنسنے لگا لیکن فوراً ہی اس نے اپنے چہرہ پر وقار اور سنجیدگی دوبارہ قائم کرلی اور بولا ''نہیں، عزیز آنوتوں۔ پافلووچ، میں نے جس مسئلہ کی طرف اشارہ کیا ہے اس کا فیصلہ صرف عوامی مفاد کے اعتبار سے ہوسکتا ہے جس کی حفاظت کی ذمہ داری مجھ پر ہے۔ وینس ایک وحشی تو ضرور ہے لیکن وہ مجرم بھی ہے اور یہی حقیقت ہے۔''

''آپ کو گراموفون پسند ہیں؟'' چیخوف نے یکایک بڑے محبت بھرے انداز میں پوچھا۔

''اوہو، ہاں، بہت زیادہ، بڑی حیرت انگیز ایجاد ہے،'' نوجوان نے جوش کے ساتھ جواب دیا۔

''اور مجھے گراموفون سے سخت نفرت ہے۔'' چیخوف نے غم زدہ آواز میں اعتراف کیا۔

''کیوں؟''

''اس وجہ سے کہ وہ محسوس کیئے بغیر بولتے اور گاتے ہیں، چنانچہ ان کے اندر سے جو آواز بھی نکلتی ہے بلکہ مصنوعی اور بے جان ہوتی ہے۔ ہاں آپ کو فوٹوگرافی سے بھی دلچسپی ہے؟''

معلوم ہوا کہ اس نوجوان وکیل کو فوٹوگرافی سے بھی بڑی شدید اور پرجوش دلچسپی ہے۔ اس نے بڑی سرگرمی سے فوراً اس کے بارے میں باتیں کرنا شروع

کردیں اور گراموفون کو بالکل بھول گیا۔ حالانکہ اس 'حیرت ناک ایجاد' سے وہ بڑا مشابہ تھا اور اس چیز کی طرف چیخوف نے بھی بڑی سچائی اور نزاکت کے ساتھ اشارہ کیا تھا۔ میں نے سرکاری وکیل کی وردی سے ایک بڑی جاندار اور محظوظ کن شخصیت کو باہر جھانکتے ہوئے دیکھا۔۔۔ ایک نوجوان کو جو اَب بھی شکار کے پیچھے دوڑنے والے کُتّے کے پلّے کی طرح حرکتیں کرسکتا تھا۔

اس نوجوان کے چلے جانے کے بعد چیخوف نے ماتمی آواز میں کہا۔ ''عدل وانصاف کی پیٹھ کی ان پھنسیوں کو انسانوں کی قسمت کا فیصلہ کرنے کی طاقت حاصل ہے۔''

پھر وہ ذرا سا رُکا اور کہنے لگا ''سرکاری وکیلوں کو مچھلیاں پکڑنے کا بڑا شوق ہوتا ہے۔ خاص طور سے کٹرنا مچھلی پکڑنے کا۔''

چیخوف ہر جگہ بدمذاقی پکڑنے اور اس کا پردہ چاک کرنے کے فن میں بڑا ماہر تھا۔ یہ ایسا فن ہے جس پر وہی آدمی قدرت حاصل کرسکتا ہے جو زندگی سے بہت کچھ مانگتا ہو اور یہ قدرت صرف اس پُر جوش خواہش کے ذریعے حاصل ہوسکتی ہے کہ لوگوں کو سیدھا سادا حسین اور ہم آہنگ ہونا چاہیے۔ ابتذال اور بدمذاقی کے معاملے میں چیخوف ہمیشہ بڑی سختی بلکہ درشتی برتتا تھا۔

ایک مرتبہ کسی نے اس کے سامنے یہ واقعہ سنایا کہ ایک مقبول عام رسالے کے پبلشر نے جو ہمیشہ اپنے ہمسایوں سے محبت اور ہمدردی کے ساتھ پیش آنے کی تلقین کرتا رہتا تھا، ریل میں سفر کرتے ہوئے بغیر کسی وجہ کے گارڈ کی توہین کی تھی اور جو لوگ اس کے دست نگر تھے، ان سے یہ شخص عام طور پر بڑی بدتمیزی اور گستاخی سے پیش آتا تھا۔

''ہاں، کیوں نہ ہو؟'' چیخوف نے ذرا مہیب انداز سے مسکراتے ہوئے کہا۔ ''کیا وہ امیر آدمی نہیں ہے، تعلیم یافتہ نہیں ہے؟ کیا اس نے کالج میں نہیں پڑھا۔ اس کا باپ تو چھال کی چپلیں پہنتا تھا لیکن وہ روغن دار چمڑے کے جوتے پہنتا ہے۔''

اس کے لہجے میں کچھ ایسی بات تھی کہ 'امیر آدمی' قابل نفرت اور مضحکہ خیز معلوم ہونے لگا۔

''بڑا جوہر دار آدمی ہے!'' اس نے ایک مرتبہ ایک مشہور اخبار نویس کے بارے میں کہا ''وہ بڑے انسانیت آمیز اور شریفانہ انداز سے لکھتا ہے۔ بالکل جیسے لیموں کا میٹھا شربت۔ وہ غیر لوگوں کے سامنے اپنی بیوی کو احمق گھوڑی کہتا ہے اور اس کے نوکروں کی کوٹھڑیاں اتنی میلی ہوتی ہیں کہ اس کی خادماؤں کو ہمیشہ گھٹیا ہو جاتی ہے۔''

''انتون پافلووچ' کیا آپ کو فلاں آدمی پسند ہے؟''

''ہاں بہت زیادہ۔ بڑا اچھا آدمی ہے۔'' چیخوف اپنی ہلکی سی کھانسی کے ساتھ کہتا۔ وہ ہر بات جانتا ہے۔ وہ بہت پڑھتا ہے۔ اس نے میری تین کتابیں پڑھ پڑھ کے ٹکڑے ٹکڑے کر ڈالیں۔ البتہ اس کا دماغ ذرا غیر حاضر رہتا ہے۔ آج تو وہ آپ سے کہے گا کہ آپ بڑے نفیس آدمی ہیں اور کل کسی اور سے کہے گا کہ انہوں نے اپنی معشوقہ کے خاوند کی ریشمی جرابیں چرا لی ہیں، جرابیں کالی ہیں اور ان پر نیلی دھاریاں ہیں۔''

اس کے سامنے کسی نے شکایت کی کہ موٹے موٹے تمام ہی رسالوں میں 'سنجیدہ' حصے بڑے بوجھل اور بے رنگ ہوتے ہیں۔

''لیکن آپ ان مضمونوں کو کیوں پڑھیں''، چیخوف نے تشریح کی۔ ''وہ تو صرف دوستانہ ادب ہے ،دوستوں کا ادب۔ یہ ادب تو سرخ صاحب، سفید صاحب، اور سیاہ صاحب پیدا کرتے ہیں۔ ان میں سے ایک آدمی مضمون لکھتا ہے دوسرا جواب دیتا ہے اور تیسرا کوئی ایسا حل ڈھونڈ نکالتا ہے جس سے دونوں میں سمجھوتہ ہو جائے۔ یہ تو تاش کے اس کھیل 'کٹ تھروٹ' کی طرح ہے ان میں سے کوئی بھی یہ نہیں دیکھتا کہ پڑھنے والے کو ان سب چیزوں سے کیا فائدہ۔''

ایک دن اس کے پاس ایک بڑی فربہ اندام عورت آئی جس نے بڑا عمدہ لباس پہن رکھا تھا اور مارے تندرستی کے پھٹی پڑتی تھی۔ اس نے چیخوف کی کہانیوں کے مخصوص انداز میں باتیں شروع کر دیں۔ ''آنتون پافلووچ زندگی بڑی اکتا دینے والی ہے! ہر چیز بے رنگ ہے۔ آدمی، آسمان، سمندر، یہاں تک پھول یہ سب مجھے بے رنگ معلوم ہوتے ہیں۔ مجھے کسی چیز کی خواہش نہیں۔ میری رُوح میں مایوسی بھری ہوئی ہے میری حالت بیماروں کی سی ہے۔''

''لیکن یہ واقعی ایک بیماری ہے۔'' چیخوف نے بڑے شدید یقین کے انداز میں کہا۔ ''یہ بیماری ہے اس کا لاطینی نام Morleus Pretencialis (بیمار بنا) ہے۔''

یا تو وہ عورت لاطینی جانتی نہیں تھی اور نہ اس نے یہ ظاہر کرنے کی کوشش کی کہ لاطینی سے واقف نہیں تھا۔ ''نقادان مکھیوں کی طرح ہیں جو گھوڑوں کو ہل جوتتے وقت پریشان کرتی ہیں۔'' اس نے اپنے ذہانت سے معمور چھوٹے سے قہقہے کے ساتھ کہا۔ ''گھوڑا بڑی محنت کر رہا ہے، اس کے رگ پٹھے ستار کے تاروں کی طرح تنے ہوئے ہیں اور یکا یک مکھی آتی ہے اور گھوڑے کے جسم پر بیٹھ جاتی ہے اور بھن

بھنا بھن بھنا کر ڈنگ مارنے لگتی ہے۔ گھوڑا اپنی کھال سکیڑتا ہے دم ہلاتا ہے اور اس طرح بھن بھنانے سے مکھی کا مقصد کیا ہے؟ یہ بات مکھی نہیں جانتی وہ تو صرف ایک مضطرب ہستی ہے جو نمایاں ہونا چاہتی ہے یہ جتانا چاہتی ہے کہ وہ بھی زمین پر بستی ہے۔ وہ کہتی ہے 'دیکھو' میں بھن بھنا سکتی ہوں میں جتنا چاہوں بھن بھنا سکتی ہوں، میں پچھلے پچیس سال سے اپنی کہانیوں پر تبصرے پڑھ رہا ہوں اور مجھے ایک معقول بات بھی یاد نہیں آتی ایک اچھا مشورہ تک نہیں۔ نقادوں میں صرف ایک آدمی سکابی چیفسکی تھا جس کا مجھ پر کچھ اثر پڑا اور وہ اس وجہ سے کہ اس نے لکھا تھا میں کسی نالی میں شرابی اور آوارہ گرد کی موت مروں گا۔''

اس کی افسردہ بھوری آنکھیں ہمیشہ بڑی ملائمت سے اور لطیف' نازک طنز کے انداز میں' ٹمٹماتی رہتی تھیں لیکن کبھی کبھی وہ تیز، درشت اور سرد بھی ہو جاتی تھیں ایسے موقعوں پر اس کی لچک دار بے تکلف آواز سخت معلوم ہوا کرتی تھی اور مجھے ایسا محسوس ہوتا تھا کہ ضرورت پڑے تو یہ نرم دل اور منکسر مزاج آدمی کسی معاندانہ قوت کا مقابلہ بڑے عزم اور استحکام کے ساتھ کرے گا اور ذرا پیچھے نہیں ہٹے گا۔

بعض دفعہ مجھے یہ معلوم ہوتا تھا کہ لوگوں سے اس کے تعلقات میں کچھ مایوسی جھلکتی ہے جو پرسکون اور سرد ناامیدی سے ملتی جلتی ہے۔

جب آدمی جوان ہوتا ہے تو زندگی کی چھوٹی چھوٹی باتیں اور حرکتیں اور اس قسم کی ذہنیت غیر اہم اور مضحکہ خیز معلوم ہوتی ہے لیکن آہستہ آہستہ یہ چیز آدمی کے اوپر چھا جاتی ہے اور اپنا بے رنگ کہرا آدمی کے دماغ اور خون میں پھیلا دیتی ہے جیسے زہریلی بھاپ۔ یہاں تک کہ آدمی پرانے زنگ آلود سائن بورڈ کی طرح بن جاتا ہے جس پر ایک زمانے میں کچھ لکھا ہوا تھا لیکن اب یہ نظر نہیں آتا کہ کیا بات

لکھی تھی۔

انتون چیخوف نے اپنی بالکل شروع کی کہانیوں میں بھی اس ہولناک اور منحوس تمسخر کو دیکھ لیا ہے جو ''عامیت'' کے اس بے رنگ سمندر میں وقوع پذیر ہوتا رہتا ہے۔ اس کی مزاحیہ کہانیاں ذرا غور سے پڑھیے تو معلوم ہوگا کہ چیخوف نے غم و الم میں ڈوب کر بہت سی ظالمانہ اور قابل نفرت چیزوں کا مشاہدہ کیا ہے اور انہیں مزاحیہ فقروں اور مضحکہ خیز واقعات کے پیچھے چھپایا ہے۔

اس کے مزاج میں اتنی نزاکت اور شرم وحیا تھی کہ وہ صاف طور سے چیخ چیخ کر لوگوں سے یہ نہیں کہہ سکتا تھا۔ ''ذرا نیک اور شریف بننے کی کوشش کرو!''

امید کی گنجائش نہ ہو تب بھی وہ اس امید میں رہتا تھا کہ یہ بات اپنے آپ لوگوں کو سمجھ میں آجائے گی کہ انہیں تھوڑا سا شریف بننا چاہیے۔ اس کو ہر بھدی اور گندی چیز سے نفرت تھی لیکن وہ زندگی کے گھناؤنے پہلوؤں کو شاعر کی نفیس زبان میں مزاح نگار کی نرم اور ملائم مسکراہٹ کے ساتھ بیان کرتا ہے۔ اس کی کہانیوں میں ایسا عمدہ رنگ، روغن ہوتا ہے کہ اندر والی تلخ ملامت نظر نہیں آتی۔

اس کے شریف پڑھنے والے جو انگلستان کی پٹی پڑھ پڑھ کے ہنستے ہیں، یہ بات مشکل سے دیکھ سکتے ہیں کہ اس کہانی میں دیہات کا ایک خوشحال زمیندار انتہائی ذلالت کے ساتھ ایک اکیلی اجنبی عورت کا مذاق بناتا ہے۔ چیخوف کی ہر مزاحیہ کہانی میں مجھے ایک مخلص اور سچا انسانی دل ٹھنڈی آہیں بھرتا ہوا سنائی دیتا ہے۔ یہ ان آدمیوں سے ہمدردی کی مایوسانہ کراہ ہے جو اپنے انسانی وقار کی ذرا عزت نہیں کرتے جو بغیر مدافعت کے وحشیانہ قوت سے مغلوب ہو جاتے ہیں، غلاموں کی طرح زندگی بسر کرتے ہیں، ہر روز بہترین سے بہترین کھانا کھانے کی

ضرورت سے زیادہ اور کسی بات پر ایمان نہیں رکھتے، اس خوف کے سوا اور کچھ محسوس نہیں کرتے کہ ان سے طاقت ور اور زیادہ ہمت والا کوئی آدمی انہیں دبا نہ لے۔

زندگی کی چھوٹی چھوٹی چیزوں میں جو المیہ چھپا ہوا ہے اسے چیخوف سے زیادہ صفائی اور نزاکت کے ساتھ کسی نے نہیں سمجھا۔ نچلے متوسط طبقے کے عامیانہ پن اور گندی بے نظمی کے درمیان انسانی زندگی کی ایسی شرمناک اور غم آلودہ تصویر ایسی بے رحمانہ سچائی کے ساتھ اور کوئی نہیں کھینچ سکتا۔

کمینہ پن اور بد مذاقی کو اس نے ہمیشہ اپنا دشمن سمجھا۔ عمر بھر وہ ان سے لڑتا رہا، ان کا مذاق اڑاتا رہا، اپنے بے لاگ اور تیز قلم سے ان کی تصویر کھینچتا رہا۔ جہاں پہلی نظر میں ہر چیز نفیس، چمک دار اور موزوں دکھائی دیتی تھی وہ اس جگہ بھی عامیانہ پن کی پھپھوندی ڈھونڈ لیتا تھا۔ ابتذال نے انتقاماً اس سے بڑا ذلیل مذاق کیا۔ اس کی لاش، ایک شاعر کی لاش، ریل کے اس ڈبے میں بھیجی گئی جس میں پہلے مچھلیاں بھیجی جاتی تھیں۔

یہ سبز رنگ کا گندا ڈبہ مجھے ابتذال کا فاتحانہ تمسخر معلوم ہو رہا تھا جس کے ذریعے اس نے ایک تھکے ہوئے دشمن پر وار کیا تھا۔ اس کے انتقال کے متعلق اخباروں کے بے شمار مضامین ایک ریاکارانہ ڈھونگ معلوم ہوتے تھے جس کے پیچھے مجھے اسی ابتذال کا سرد اور بدبودار سانس محسوس ہو رہا تھا جو ایک دشمن کے مرنے پر خفیہ طور سے خوشیاں منا رہا تھا۔

چیخوف کی کہانیاں پڑھنے سے کچھ ایسا محسوس ہوتا ہے جیسے موسم خزاں میں بڑے بے رنگ سے دن تیسرے پہر کو ٹہلتے جا رہے ہوں، ہوا صاف شفاف ہو اور ننگے بوچے درختوں، گنجان مکانوں اور بھورے رنگ کے آدمیوں کے خاکے بالکل

صاف صاف اور الگ الگ دکھائی دے رہے ہوں۔ ہر چیز اجنبی سی اکیلی، بے حس وحرکت اور بے طاقت ہے۔ نیلگوں اور خاکی فاصلہ زرد آسمان سے جا کر مل جاتا ہے اور جمی ہوئی کیچڑ میں ملفوف زمین پر ایک ماتمی سردی پھیلا دیتا ہے۔ مصنف کا دماغ خزاں کے سورج کی طرح بے رحمانہ صفائی کے ساتھ ہر چیز کو روشن کر دیتا ہے، کٹی پھٹی سڑکوں کو ٹیڑھے میڑھے راستوں کو، پتلے پتلے گندے مکانوں کو، جہاں معمولی قسم کے قابل رحم آدمی کاہلی اور اکتاہٹ کے مارے گھٹے پڑے ہیں اور ان کے گھر ایک خواب آلود اور بے معنی شور سے معمور ہیں۔ دوشینکا چھوٹے سے بھورے چوہے کی طرح بے چینی سے ہڑبڑائی ہوئی آتی ہے اور گزر جاتی ہے۔۔۔

یہ بڑی پیاری اور شریف دل عورت ہے جو اتنی محبت کرتی ہے اور ایسے غلامانہ انداز سے کہ اگر آپ چاہیں تو اس کے منہ پہ چانٹا مار دیں اور وہ اتنی جرأت بھی نہیں کر سکے گی کہ بلند آواز سے آہ بھر لے، ایسی منکر مزاج ہے یہ عورت۔ اس کے قریب 'تین بہنیں' والی اولگا کھڑی ہے۔ وہ بھی بڑی محبت والی ہے اور اپنے کاہل بھائی کی بدتمیز اور بدمزاج بیوی کے نخرے برداشت کرتی ہے اور اُف نہیں کرتی۔ اس کی بہنوں کی زندگیاں اس کی نظروں کے سامنے تباہ ہوگئی ہیں لیکن وہ صرف روتی رہتی ہے اور کسی کی مدد نہیں کر سکتی اور اس کے دل میں ان تمام باتوں کے خلاف احتجاج کا ایک جاندار اور طاقت ور لفظ تک نہیں پیدا ہوتا۔

یہ آنسو بہانے والی رانیف کایا ہے اور دوسری عورتیں جو پہلے 'چیری کے باغ' کی مالک تھیں۔

یہ بچوں کی طرح خود غرض ہیں اور بڈھوں کی طرح لاچار۔ وہ ٹھیک وقت پر مر جانے سے رہ گئیں اور اب بس جئے چلی جاتی ہیں۔ ان کے چاروں طرف جو

کچھ ہو رہا ہے اسے نہ تو دیکھتی ہیں نہ سمجھتی ہیں۔ وہ بالکل مفت خور اور بے فیض جانوروں کی طرح ہیں جن میں اتنی طاقت بھی نہیں کہ اپنے آپ کو زندگی سے پھر متعلق کرلیں۔ وہ بے مصرف، طالب علم تروفی موف کام کرنے کی ضرورت کے متعلق بڑی خوش بیانی سے باتیں کرتا ہے لیکن کرتا کچھ بھی نہیں اور محض اکتاہٹ کی وجہ سے اپنی دل لگی کے لیے احمقانہ طور سے واریا کا مذاق اڑاتا ہے جو کاہلوں کو آرام پہنچانے کے لیے دن رات کام کرتا ہے۔

ورشی نن تین سو سال بعد کی بہتر زندگی کا خواب دیکھتا ہے اور اس بات پر بالکل غور نہیں کرتا کہ اس کے گرد ہر چیز تباہ و برباد ہوتی جارہی ہے اور اس کی آنکھوں کے سامنے سولینی حماقت اور بے زاری کے ہاتھوں مجبور ہو کر مصیبت زدہ بیرن توسن باخ کو قتل کرنے والا ہے۔

ہماری آنکھوں کے سامنے سے غلاموں کی لمبی چوڑی قطار گزرتی ہے جس میں محبت کے، حماقت کے، کاہلی کے، لالچ کے غلام شامل ہیں۔ یہ لوگ زندگی کے بھیانک خوف کے غلام ہیں، وہ مبہم اندیشیوں کا شکار ہیں اور ان کے دن مستقبل کے بارے میں بے معنی تقریروں میں گزرتے ہیں اور وہ یہ محسوس کرتے ہیں کہ ان کے لیے زمانہ حال میں کوئی جگہ نہیں ہے۔

بعض دفعہ اس بھورے اور بے رنگ مجمع کے اندر ایک دھماکا ہوتا ہے۔۔۔ کسی اوانوف یا تربیلیف کو آخر کار معلوم ہوگیا ہے کہ اسے کیا کرنا چاہیے اور وہ مرگیا ہے۔

ان میں سے اکثر لوگ بڑے حسین خواب دیکھتے ہیں کہ دوسو سال کے اندر زندگی کیسی نفیس ہوجائے گی لیکن کوئی اس سیدھے سادے سوال کا جواب دینے

کے لیے نہیں رُکتا کہ اگر ہم سب کے سب اسی طرح خواب دیکھتے رہیں اور کچھ نہ کریں تو زندگی کو اتنا نفیس بنائے گا کون؟

ایک ذی فہم مشاہدے میں تیز اور زبردست آدمی کھڑا کمزوروں کے اس بے رنگ اور غیر دلچسپ ہجوم کو دیکھ رہا تھا۔ اس نے ان کی طرف غم آلود مسکراہٹ کے ساتھ دیکھا اور اپنے دل میں ناامیدی اور غم سمیٹتے ہوئے نرم لیکن شدت جذبات میں ڈوبی ہوئی علامت کے لہجے میں بڑی حسین اور پر خلوص آواز میں کہا۔ ''خواتین اور حضرات، زندگی کا یہ طریقہ بڑا بُرا ہے۔''

مجھے پانچ دن سے بہت تیز بخار ہے لیکن میرا جی لیٹنے کو نہیں چاہتا۔ ایک عجیب خشک سی بارش ہو رہی ہے اور زمین پر گیلی گرد کا چھڑکاؤ ہو رہا ہے۔ قلعے سے توپوں کی آواز آ رہی ہے۔ وہاں توپیں چھوڑی جا رہی ہیں۔ رات کو سرچ لائٹ کی لمبی زبان بادلوں کو چاٹتی ہے۔۔۔ یہ بڑا مکروہ نظارہ ہے کیونکہ اس سے جنگ کا خیال دماغ سے محو نہیں ہونے پاتا۔ جنگ جو شیطان کی ایجاد ہے۔

میں چیخوف کی کہانیاں پڑھ رہا ہوں۔ اگر وہ دس سال پہلے نہ مر گیا ہوتا تو غالباً جنگ اسے مار ڈالتی اپنے انسانی بھائیوں کے خلاف نفرت پیدا کر کے اسے زہر دے ڈالتی۔ مجھے اس کی تجہیز و تکفین یاد ہے۔

اس مصنف کا تابوت جس سے ماسکو کو 'انتہائی محبت' تھی ایک سبز گاڑی میں پہنچا جس پر بڑے بڑے حرفوں میں ''مچھلیوں کے لیے'' لکھا تھا۔ چیخوف کے اعزاز میں اسٹیشن پر ایک چھوٹا سا مجمع موجود تھا، اس کا ایک حصہ تو جنرل کیلر کے تابوت کے بعد ہی چلا گیا جس کی لاش منچوریا سے آئی تھی۔ لوگوں کو یہ دیکھ کر بڑی حیرت ہوئی تھی کہ چیخوف کی موت کے اعزاز میں فوجی بینڈ بج رہا ہے۔ جب اس

غلطی کا پتہ چلا تو کچھ زندہ دل لوگ مسکرانے لگے بلکہ ہنس بھی پڑے چیخوف کے تابوت کے ساتھ صرف سو آدمی تھے۔ ان لوگوں میں دو وکیلوں کی شکل مجھے یاد ہے۔ وہ چمکدار ٹائیاں اور نئے جوتے پہنے ہوئے تھے جیسے ان کی شادی ہونے والی ہو۔ میں ان کے پیچھے چل رہا تھا۔ میں نے سنا کہ ان میں سے ایک آدمی کلاکوف کتوں کی ذہانت کا ذکر کر رہا تھا اور دوسرا آدمی جس سے میں واقف نہیں تھا اپنے گرمیوں والے مکان کے آرام اور اس کے چاروں طرف والے مناظر کے حسن کے متعلق باتیں کر رہا تھا۔ بنفشی لباس میں ملبوس ایک عورت جس کے ہاتھ میں جھالردار چھتری تھی، موٹی موٹی کمانیوں کی عینک والے ایک بڈھے سے کہہ رہی تھی۔

''وہ بڑا دلکش اور بڑا زندہ دل آدمی تھا۔۔۔''

بڈھا کھانسا، معلوم ہوتا تھا کہ اسے یقین نہیں آیا۔ دن بڑا گرم، خاک آلود تھا۔ جنازے کے آگے آگے ایک موٹے سے گھوڑے پر ایک موٹا سا پولیس انسپکٹر بڑے غصّے کے ساتھ چل رہا تھا یہ ساری باتیں انتہائی بدمذاقی کی اور قابل نفرت تھیں اور ایک زبردست اور نازک فن کار کی یاد سے کوئی علاقہ نہیں رکھتی تھیں۔

سُوودرن کے نام اپنے ایک خط میں چیخوف نے لکھا تھا۔

''کوئی چیز اتنی اکتا دینے والی اور غیر شاعرانہ نہیں ہے جتنی زندگی کے لیے بے مزہ جدوجہد جو آدمی سے زندگی کا سارا مزہ چھین لیتی ہے اور بالکل بے حس بنا دیتی ہے۔'

ان الفاظ میں ایک ایسی کیفیت کا اظہار ہے جو خاص طور سے روسی ہے، لیکن میرے خیال میں عام طور سے یہ کیفیت چیخوف کی خصلت میں شامل نہیں تھی۔ عنفوانِ شباب کے زمانے ہی سے اس کے لیے 'کش مکش حیات' بڑی بھونڈی اور

بے رُوح شکل میں ظاہر ہوئی، یعنی روٹی کے ٹکڑے کے لیے روزانہ کی چھوٹی چھوٹی پریشانیاں اور یہ فکر صرف اپنے لیے ہی نہیں بلکہ اوروں کے لیے بھی۔ ان پریشانیوں میں ذرا سا چمکدار نقطہ تک نہیں تھا اور انہیں پریشانیوں کے لیے اس نے اپنی جوانی کی ساری طاقت وقف کردی تھی۔ یہ دیکھ کر تعجب ہوتا ہے کہ نہ معلوم کس طرح اس نے اپنے مزاج کی حس کو بچالیا۔ اس نے زندگی کو صرف دال روٹی اور تھوڑے سے سکون کی خاطر خشک اور بے رُوح جدوجہد کی شکل میں دیکھا۔ روزمرہ کی پریشانیوں کی موٹی تہہ نے زندگی کے بڑے بڑے المیوں کو اس کی نظروں سے چھپادیا تھا۔ جب اپنے گرد کے لوگوں کے لیے دال روٹی فراہم کرنے کی پریشانی اور ایسی ضرورتوں سے اس نے اپنے آپ کو کسی حد تک آزاد کرلیا تو صرف اس کے بعد جاکر اسے اتنی فرصت ملی کہ ان المیوں کے جوہر کو غور سے دیکھے۔

مجھے کوئی آدمی ایسا نہیں ملا جو چیخوف سے زیادہ شدت اور گہرائی کے ساتھ یہ بات محسوس کرتا ہو کہ محنت ہی کلچر کی بنیاد ہے۔ اس اندازِ نظر کا اظہار خانہ داری کی چھوٹی چھوٹی باتوں میں بھی ہوتا تھا اور اپنے استعمال کی چیزوں کے انتخاب میں بھی، اور ان چیزوں کی اس شریفانہ محبت میں بھی جو ان کا ذخیرہ جمع کرتے رہنے کی خواہش سے تو بالکل پاک ہوتی ہے، لیکن انسانی روح کی خلاقانہ طاقتوں کی پیداوار کے لحاظ سے ان چیزوں کی تعریف کرنے اور ان سے لطف اندوز ہونے سے کبھی نہیں تھکتی۔ اسے تعمیر کا بھی بڑا شوق تھا، باغ لگانے کا، زمین کو آراستہ کرنے کا، وہ محنت کی ذاتی شعریت سے اچھی طرح واقف تھا۔ اس نے جو پھولوں والی جھاڑیاں اور پھل دار پیڑ بوئے تھے ان کی نشوونما کا مشاہدہ وہ بڑی توجہ اور محبت سے کیا کرتا تھا۔ جب وہ اولگا میں مکان بنوا رہا تھا تو کہا کرتا تھا۔ "اگر ہر آدمی اپنی

تھوڑی سی زمین میں پوری محنت کرے تو ہماری دنیا کیسی حسین ہو جائے۔'

اپنے ادبی کام کے بارے میں وہ بہت کم باتیں کرتا تھا اور وہ بھی خوشی سے نہیں۔۔۔

میں تو کہوں گا کہ وہ اس معاملے میں بجا طور پر محتاط تھا۔ میں نے دیکھا ہے کہ ٹولسٹوئے کے بارے میں بھی وہ اسی ضبط سے کام لیتا تھا۔ بہت ہی شاذ و نادر، جب اس کی طبیعت ذرا خوش ہوتی تھی تو وہ ہنس ہنس کر اپنے ادبی کام کے بارے میں باتیں کرتا تھا، اور موضوع ہمیشہ مزاحیہ ہوتا تھا۔

وہ اپنے ڈراموں کو ہمیشہ 'مضحکہ خیز' کہا کرتا تھا۔ ظاہر میں تو یہی معلوم ہوتا ہے کہ اسے خلوص کے ساتھ ان کے مضحکہ خیز ہونے کا یقین تھا۔ غالباً اسی وجہ سے ساوا موروزوف نے بڑی گستاخی کے لہجے میں یہ دعویٰ کیا ہے۔ چیخوف کے ڈراموں کو تو اسٹیج پر غنائی طربیوں کی حیثیت سے پیش کرنا چاہیے۔ لیکن عام طور پر ادب کے بارے میں اس کا رویہ بڑی احتیاط اور توجہ کا ہوتا تھا۔ وہ مبتدیوں سے ہمیشہ مہربانی سے پیش آتا تھا۔ لازاریفکی اولیگر اور دوسرے لوگ بڑے موٹے موٹے مسودے اس کے پاس بھیجتے تھے اور وہ حیرت انگیز صبر و سکون کے ساتھ اُنہیں دیکھتا تھا۔

''ہمیں زیادہ لکھنے والوں کی ضرورت ہے'' وہ کہا کرتا تھا۔ ''ہماری زندگی میں ادب ابھی تک ایک نئی چیز ہے اور خاص لوگوں کی چیز سمجھا جاتا ہے۔ ناروے میں ہر ۲۲۶ آدمیوں میں سے ایک آدمی لکھنے والا ہے اور روس میں دس لاکھ میں ایک۔''

چیخوف کی آنکھیں بڑی نفیس تھیں اور جب وہ ہنستا تھا تو ان میں نسائیت،

نرمی، ملائمت اور دلآویزی پیدا ہو جاتی تھی۔ اس کے قہقہے میں آواز ہی نہیں ہوتی تھی اور اس سے دل کو بڑا سرور اور گرمی حاصل ہوتی تھی۔ اسے ہنسنے میں بڑا لطف آتا تھا اور میں کسی اور ایسے آدمی کو نہیں جانتا جو ایسی 'رُوح سے معمور' ہنسی ہنس سکتا ہو۔

جب وہ ٹولسٹوئے کے بارے میں باتیں کرتا تھا تو ہمیشہ ایک خاص ناقابلِ گرفت، ملائم اور کچھ سٹ پٹائی ہوئی مسکراہٹ کے ساتھ۔ وہ اس وقت اپنی آواز نیچی کر لیتا تھا گویا کسی پُراسرار اور ناقابلِ ادراک چیز کے بارے میں باتیں کر رہا ہو جس کے لیے بڑے محتاط اور نرم لفظوں کی ضرورت ہے۔

وہ اکثر کہا کرتا تھا کہ یہ بڑے افسوس کی بات ہے کہ ٹولسٹوئے کے ساتھ کوئی ایکرمان نہیں ہے جو اس بڈھے عارف کے تیز و غیر متوقع اور اکثر باہم متضاد خیالات قلم بند کرتا جائے۔

''یہ کام تمہیں کرنا چاہیے، سمجھے' اس نے سولیر ژتسکی کو ترغیب دلانے کی کوشش کی۔ ٹولسٹوئے تمہارا گرویدہ ہے اور جب تم ساتھ ہوتے ہو تو بہت زیادہ اور بڑی اچھی باتیں کرتا ہے۔''

خود سولیر کے بارے میں چیخوف نے مجھ سے کہا تھا: ''سولیر بڑا عقل مند بچہ ہے۔''

اس نے یہ بات بڑے عمدہ طریقے سے ادا کی ہے۔

ایک دن ٹولسٹوئے مجھ سے چیخوف کی ایک کہانی کی تعریف کر رہا تھا۔ شاید یہ کہانی ''دوشیزکا'' تھی۔ وہ بولا۔ ''یہ کہانی کسی باعصمت دوشیزہ کی بنائی ہوئی بیل کی طرح ہے۔ پرانے زمانے میں بیل بنانے والی ایسی دوشیزائیں ہوا کرتی

تھیں جو اپنی ساری زندگی اور مسرت کے سارے خواب اس نقش میں اجاگر کر دیتی تھیں جو چیزیں انہیں سب سے عزیز تھیں ان کے متعلق خواب وہ ان نقوش کی شکل میں دیکھا کرتی تھیں اور اپنی ساری بے میل، خالص اور مبہم محبت ان بیلوں میں بُن دیتی تھیں۔

ٹولسٹوئے کی آواز جذبے کی شدت سے تھرتھرا رہی تھی اور اس کی آنکھوں میں آنسو بھر آتے تھے۔ اس دن چیخوف کو بخار تھا۔ وہ بھی وہیں بیٹھا تھا اور اس کے رخساروں پر سرخ سرخ نشان تھے۔ اس نے اپنا سر جھکالیا اور بڑی محنت سے عینک صاف کرنے لگا اور بڑی دیر تک کچھ نہیں بولا۔ آخر اس نے آہ بھری اور کچھ گھبراہٹ کے ساتھ پرسکون آواز میں کہا۔ ''اس میں طباعت کی کئی غلطیاں ہیں۔''

چیخوف کے متعلق بہت کچھ لکھا جا سکتا ہے، لیکن اس کے بارے میں بڑی صحت اور صفائی کے ساتھ لکھنا ضروری ہے اور یہ بات مجھ سے ممکن نہیں۔ اس کے بارے میں تو اس انداز سے لکھنا چاہیے جیسے اس نے اپنی کہانی 'اسٹیپ' لکھی ہے۔ اس کہانی میں ایک عجیب ہلکا ہلکا ذائقہ ہے، وہ پَر کی طرح ہلکی ہے اور ملائم رنج و غم میں ڈوبی ہوئی ہے، بالکل روسیوں کی طرح۔ یہ ایک ایسی کہانی ہے جو اس نے خود اپنے لیے لکھی تھی۔

ایسے آدمی کی یاد تازہ کرنا بڑی اچھی چیز ہے۔ اس کے بارے میں سوچنے سے زندگی کے لیے نئی ہمت پیدا ہو جاتی ہے، زندگی میں ایک تاباں معنویت نظر آنے لگتی ہے۔

انسان کائنات کا مرکز ہے۔

لیکن انسان کی خامیوں اور اس کی برائیوں کے متعلق کیا خیال ہے؟

ہم سب محبت کے بھوکے ہیں اور اگر آدمی بھوکا ہے تو کچی روٹی بھی مزیدار معلوم ہوتی ہے۔

﴾ نوٹ ﴿

آخری سات ٹکڑے تو ۱۹۱۴ء میں لکھے گئے تھے اور باقی ٹکڑے ۱۹۰۵ء میں شائع ہوئے تھے۔

☆......☆......☆

(۷)

چیخوف کی کہانی ''وادی میں'' کے متعلق

۱۹۰۰ء

''۔۔۔زندگی بڑی لمبی ہوتی ہے! ابھی اچھی بُری ہر طرح کی باتیں پیش آئیں گی۔ مادرِ روس بہت وسیع وعریض ہے! میں روس میں ہر جگہ پھرا ہوں، اور ہر چیز دیکھی ہے۔ میرے عزیز جو کچھ میں کہہ رہا ہوں اسے سنو۔ اچھی باتیں بھی پیش آئیں گی اور بُری باتیں بھی۔'' یہ باتیں چیخوف کی نئی کہانی 'وادی میں' کے کرداروں میں سے ایک نے کہی ہیں، لیکن دراصل یہ سب خود چیخوف بڑی ہمدردانہ اور ہمت بڑھانے والی مسکراہٹ کے ساتھ اپنے پڑھنے والے سے کہہ رہا ہے۔ میں اس کہانی کا خلاصہ نہیں بیان کروں گا، کیونکہ یہ ان کہانیوں میں سے ہے جن میں محض لفظوں سے بہت کچھ زیادہ ہوتا ہے۔ بحثیت ایک صاحبِ طرز کے چیخوف ہمارے زمانے کا تنہا مصنف ہے جس نے اس انداز میں لکھنے کا فن بڑے اعلیٰ پیمانے پر حاصل کرلیا ہے جس میں لفظوں کے لیے بہت کم جگہ ہے اور خیالات کے لیے بہت۔ اگر میں اس کہانی کے مطالب باقاعدہ بیان کرنے کی کوشش کروں تو میرا بیان کہانی سے بھی کہیں زیادہ لمبا ہوجائے گا۔ ممکن ہے یہ بات مضحکہ خیز معلوم ہو، لیکن سچ اکثر مضحکہ خیز معلوم ہوتا ہے۔ ایک اور سبب ہے جس کی وجہ سے چیخوف کی کہانیوں کے

مطالب بیان کرنا ناممکن ہے۔ وہ سب کی سب نازک اور بیش قیمت بیل کی طرح ہیں جسے بڑی احتیاط سے چھونا پڑتا ہے اور جو کھردرے ہاتھوں کے چھونے سے خراب ہو جاتی ہیں۔

چیخوف کی نئی کہانی کے ہیرو یہ ہیں۔ ایک گاؤں کا دکاندار جو لٹیرا اور دھوکے باز ہے۔ اُس کا بیٹا جو پولیس کا پٹھو ہے، ایک اور بیٹا جو بہرا اور احمق ہے۔ دکاندار کی بیوی جو بڑی نرم دل ہے۔ اس کی دو بہوئیں، ایک اچھی اور دوسری بُری اور کوستیل، ایک عقلمند بوڑھا بڑھئی جو بچوں کی طرح محبت کے قابل ہے۔

'جو محنت کرتا ہے اور جو دُکھ اٹھاتا ہے وہی بڑا ہے۔' بڑھئی بڑے بھولے پن سے کہتا ہے۔

یہ سارے آدمی، اچھے بھی اور بُرے بھی، چیخوف کی کہانی میں اس طرح زندہ ہو جاتے ہیں جیسے وہ حقیقت میں زندگی بسر کرتے ہیں۔ چیخوف کی کہانیوں میں کوئی ایسی بات نہیں جو واقعی موجود نہ ہو۔ اس کے اس کمال کی غضب ناک قوت کا اصل سبب یہ ہے کہ وہ اپنی طرف سے کوئی بات اختراع نہیں کرتا اور کوئی ایسی بات نہیں دکھاتا جو واقعی موجود نہ ہو، چاہے یہ بات کتنی ہی اچھی اور دل پسند کیوں نہ ہو۔ اس کے کردار جیسے ہیں وہ انہیں اس سے اچھا دکھانے کی کبھی کوشش نہیں کرتا اور جو لوگ اسے پسند نہیں کرتے۔۔۔ تذکرۃً یہ بھی کہہ دوں کہ یہ لوگ بڑی تیزی سے ختم ہوتے جا رہے ہیں۔۔۔ وہ اسے دراصل اسی وجہ سے ناپسند کرتے ہیں، حالانکہ وہ اپنی مخالفت کا سبب ہمیشہ کچھ اور بتاتے ہیں۔ یہ لوگ جب اپنا عکس اس زبردست اور حیرت انگیز آئینے یعنی مصنف کے دل میں دیکھتے ہیں تو وہ بڑی ہتک محسوس کرتے ہیں۔ انہیں اپنے اوپر شرم آنے لگتی ہے اور کچھ چڑ سے جاتے ہیں۔ یہ سب

معافی کے قابل ہے۔ ہمارے سب ہمعصروں کے لیے تھوڑا سا غازہ اور سرخی ضروری ہے جیسے بڑھی ہوتی ہوئی نازنین کے لیے۔ انہوں نے اپنے جذبات کا بہت سا حصہ تو پروفیسر سیرے بیاکوف کی تعریف و تحسین میں ختم کر دیا ہے جس کی کتابوں کو وہ 'چچا وانیا' کی طرح پچیس سال سے کتابِ حیات سمجھتے رہے ہیں اور اس دوران میں انہوں نے خود زندگی کو اپنے ہاتھوں سے کھو دیا ہے۔ چیخوف نے ایسے لوگوں کے بارے میں جنہوں نے زندگی کو ہاتھ سے کھو دیا تھا، کئی چھوٹے چھوٹے طربیہ ڈرامے لکھے ہیں، اور اس طرح بہت سے دشمن پیدا کر لیئے ہیں۔

اُس کی کہانی 'ناگوار واقعہ' کے بعد سے لوگ چیخوف کے بارے میں کہنے لگے۔ ''ہاں ہے تو بڑے کمال کا آدمی! لیکن ---'' اور سینت بیود کی پیروی میں انہوں نے پوری کوشش کی کہ پھیکی تعریف سے چیخوف کو ختم کر دیں۔ چیخوف ان کی باتیں سنتا رہا--- یا ممکن ہے کہ اس نے یہ باتیں بالکل سنی ہی نہیں---۔ اور اپنے کام سے کام رکھا۔ اس کی مشکل اور دشوار ادبی زندگی کے بالکل شروع ہی میں ہمارے ایک نقاد نے (جو بالکل ہی بے ہنر تھا اور اس طرح دوسرے تھوڑے بہت ہنر مند نقادوں سے زیادہ امتیاز رکھتا تھا) یہ پیشین گوئی کی تھی کہ چیخوف شراب پینے لگے گا اور کسی کھائی میں مرے گا۔ یہ نقاد ابھی زندہ ہے اور اگر اس نے جو کچھ لکھا ہے اسے لکھتے ہی بھول نہیں جاتا تو میں اس سے جگہ تبدیل کرنے کو تیار نہیں ہوں۔ جب یہ نقاد مرے گا تو لوگ دو ایک لمحے اس کے بارے میں سوچیں گے چند الفاظ اس کے بارے میں لکھیں گے اور اسے بھول جائیں گے لیکن جب چیخوف مرے گا تو روس اپنا ایک بہترین دوست، ایک عقلمند، باانصاف، غیر جانبدار دوست کھو دے گا، ایک ایسا دوست جو اس سے محبت کرتا رہا اور اس کی تکلیفوں میں برابر کا شریک

رہا۔ اور سارے روس کی غم کے مارے بُری حالت ہو جائے گی اور اس کی یاد مدتوں باقی رہے گی۔ عرصے تک زندگی کو سمجھنے کا طریقہ روس اس کی تحریروں سے سیکھے گا جن میں اس کے محبت بھرے دل کی افسردہ مسکراہٹ چمک رہی ہے اور اس کی کہانیوں سے جو زندگی کے بارے میں عمیق علم، عقلمندانہ غیر جانبداری اور لوگوں سے ایسی ہمدردی سے معمور ہیں، جو رحم نہیں ہے بلکہ ایک ذی فہم، حساس اور سب کچھ سمجھنے والے دوست کی رفاقت۔

وہ لوگ جو ہر بات کو سمجھتے ہیں بڑے غمزدہ ہوتے ہیں۔ ان کے لیے وہ دل شکستگی لازمی ہو جاتی ہے جس کا ذکر ہائینے نے کیا ہے۔ ایسا آدمی زندگی کو اس کی اصلی شکل میں دیکھتا ہے۔ افراد کی زندگیوں کو تاگے کی طرح اور ایک جگہ مجتمع بہت سی زندگیوں کو ایک زبردست اور خوفناک طور سے الجھے ہوئے گولے کی طرح۔ زندگیوں کا یہ گولا کہیں خلا میں لٹکا ہوا ہے، متضاد جذبوں اور کوششوں کی شدت سے تھرتھرا رہا ہے اور ایک ہی تاگوں کو مختلف سمتوں میں کھینچا جا رہا ہے۔

دکاندار تسی بولن کی بیوی اپنے بیٹے سے جو جاسوس ہے کہتی ہے۔ ''ہم خوش حال ہیں، ہمارے پاس ہر چیز کی افراط ہے، لیکن مجھے یہ بات پسند نہیں۔ ہم لوگوں کو بہت نقصان پہنچا رہے ہیں۔ بیٹے، میرا دل دکھتا ہے، کیونکہ ہم انہیں بڑا نقصان پہنچا رہے ہیں۔''

وہ لوگوں کو نقصان نہیں پہنچانا چاہتی، لیکن ان کی زندگی کا ڈھب ہی کچھ ایسا ہے کہ وہ کچھ کہہ نہیں سکتی۔ اس کا بیٹا وہ جاسوس جو اب جعلی سکے بنانے والا ہے، کہتا ہے ''کہتے ہیں کہ دنیا کا خاتمہ نزدیک ہے کیونکہ لوگ بد سے بدتر ہوتے جا رہے ہیں، اپنے ماں باپ کا کہنا نہیں مانتے، اور ایسی ہی باتیں، یہ حماقت کی بات

ہے۔ میری رائے ہے کہ ساری گڑبڑ کی وجہ یہ ہے کہ لوگوں کے پاس ضمیر نہیں رہا۔"

اس کا ضمیر اسے بہت دن سے ستا رہا ہے لیکن اسے جعلی سکے بنانے سے نہیں روک سکتا۔ اس بات کا چیخوف نے بڑے سچے حسن اور حیرت ناک انداز سے مشاہدہ کیا ہے۔ کیونکہ دراصل اگر ہم سوچیں تو کیا ہم سب جعلی سکے بنانے والے نہیں ہیں؟ کیا ہمارے الفاظ کی چاندی میں کھوٹ نہیں ہوتا، کیا ان میں مصنوعی طور سے بھڑکائے ہوئے جذبات نہیں ہوتے؟ مثال کے طور پر صاف گوئی کو لے لیجیے۔ ہماری صاف گوئی ہمیشہ جھوٹی ہوتی ہے۔ جب ہم سچ کے متعلق اور اپنے ہمسایوں سے محبت اور اپنے ساتھیوں کی عزت کے بارے میں باتیں کرتے ہیں تو ہم سب جانتے ہیں کہ ہم کس حد تک جھوٹ بول رہے ہیں۔ آنی سم تسی بورکن کی طرح ہم میں سے ہر ایک ہر وقت مختلف سمتوں میں کھنچتا رہتا ہے۔۔۔ ایک طرف تو انسانوں کی زندگی میں سچ اور انصاف لانے کی ہمت اور دوسری طرف اپنے ہمسایوں کو زیر کر لینے کی خواہش کی سمت، ہر آدمی کے اندر دو متضاد رُجحانات میں کشمکش ہوتی رہتی ہے جو ایک دوسرے کی کاٹ ہیں۔

بہتر بننے کی خواہش اور بہتر طریقے سے زندگی گزارنے کی خواہش۔ اور ہماری زندگیوں کے موجودہ ہیجان اور بدنظمی میں ان دونوں خواہشوں کو ملا کر کوئی ہم آہنگی پیدا کرنا ناممکن ہے۔

ہمارے دلوں کے اس افتراق کو ایسی اچھی طرح کوئی بھی نہیں سمجھتا، جیسا چیخوف۔ اور اس سے جو ملے جلے المیے اور طربیے پیدا ہوتے ہیں انہیں ایسی سادہ اور چمکتی ہوئی صاف شفاف شکل میں اس سے بہتر کوئی بھی نہیں بیان کر سکتا۔ جو کچھ وہ کہتا ہے اس میں کوئی بھی نئی بات نہیں ہے لیکن وہ اسے کہتا ہے بڑے سادہ اور

یقین دلانے والے طریقے سے۔ بڑی خوفناک سادگی اور صفائی سے بڑی ناقابل تردید سچائی کے ساتھ اور جو کچھ اسے کہنا ہے وہ بڑی حیرت ناک اور حسین شکل میں ملبوس ہوتا ہے جو انتہائی سادہ اور دل آویز ہوتی ہے۔ اس کی ہیئت اس کے معنی کو اور زیادہ زور بخش دیتی ہے۔ صاحبِ طرز کی حیثیت سے چیخوف بے مثال ہے۔ روسی ادب کے آئندہ مؤرخ روسی زبان کے نشوونما کا حال بیان کرتے ہوئے کہیں گے کہ یہ زبان پوشکن، تورگینیف اور چیخوف کی تخلیق ہے۔ چیخوف پر یہ الزام لگایا گیا ہے کہ اس کے پاس کوئی فلسفہ نہیں ہے۔ یہ مہمل اعتراض ہے! اپنے وسیع معنوں میں فلسفہ ایسی چیز ہے جو ہر آدمی کے پاس موجود ہوتا ہے کیونکہ یہ دنیا کے بارے میں اور اس دنیا میں اپنے کام کے متعلق اس کا ذاتی تصور ہوتا ہے۔

چیخوف کے پاس فلسفے سے بڑی ایک اور چیز ہے کیونکہ اس نے زندگی کے متعلق اپنے ذاتی تصور پر قدرت حاصل کر لی ہے اور اس طرح اس سے اُونچا اُٹھ گیا ہے۔ وہ ایک بلند تر نقطہءنظر سے زندگی کی بے رنگی، مہمل پن، جدوجہد اور بے نظمی پر روشنی ڈالتا ہے اور حالانکہ اس کا نقطہ نظر ناقابل گرفت ہے اور اس کی تعریف کرنا مشکل ہے۔۔۔ شاید اس وجہ سے کہ یہ ایک بلند تر نقطہ نظر ہے۔۔۔ یہ نقطہ نظر اس کی کہانیوں میں ہمیشہ محسوس ہو جاتا ہے اور بڑی صاف شکل میں سطح تک اُبھر آتا ہے۔ اس کی کہانیوں میں اکثر ہمارے کان افسردہ لیکن سخت اور سچی سرزنش صاف صاف سن سکتے ہیں کہ انسان زندگی بسر کرنے کا طریقہ نہیں جانتے لیکن ساتھ ہی ساتھ سب آدمیوں سے اس کی ہمدردی اور بھی تیزی سے چمکنے لگتی ہے۔

زندگی کے مظاہر پر ایسی روشنی ڈالنے کے معنی یہ ہیں کہ آدمی ایک بلند تر

انصاف کے معیاروں پر انہیں پرکھ رہا ہے۔ چیخوف یہی کرتا ہے اور اس کی اس انسانیت میں ڈوبی ہوئی اور عمیق معروضیت کی بنا پر لوگ کہتے ہیں کہ وہ سرد اور بے جان ہے۔ لوگ تو یہاں تک کہتے ہیں کہ وہ اس کی بالکل پروا نہیں کرتا کہ وہ پھولوں کے بارے میں لکھ رہا ہے، لاشوں کے بارے میں، بچوں کے بارے میں یا مینڈکوں کے بارے میں وہ سب کا بیان ایک جیسے کمال کے ساتھ بالکل سرد مہری، غیر جانبداری اور بے پروائی سے کرتا ہے۔ اپنی ادبی زندگی کے شروع میں کسی مصنف سے ایسی بے انصافی نہیں برتی گئی جیسے کہ چیخوف سے۔

لیکن یہ اصلی بات نہیں ہے۔

اصلی بات یہ ہے کہ چیخوف کی ہر نئی کہانی ایک ایسی چیز پر زور دیتی ہے جس کی ہمیں بڑی ضرورت ہے اور ہمارے لیے بڑی قدر و قیمت رکھتی ہے یعنی ہمت اور زندگی کی محبت۔

"زندگی بڑی لمبی ہوتی ہے! ابھی تو اچھی اور بُری ہر طرح کی بات پیش آئے گی! ما درِ روس بڑی وسیع و عریض ہے!"

یہ نئی کہانی ویسے تو اتنی المناک اور نحوست بار ہے کہ ڈر لگنے لگتا ہے لیکن اس میں یہ بات پہلے سے زیادہ مضبوطی کے ساتھ آ گئی ہے۔ یہ دیکھ کر ہمیں اپنے لئے بھی خوشی ہوتی ہے اور اس کے لیے بھی۔ بے رنگ حقیقتوں کے اس معنی کے لیے ان غمزدہ اور بے مصرف لوگوں کے دُکھوں اور غموں کے اس افسردہ نغمہ ساز کے لیے۔

زندگی اور ہمارے غموں کے بارے میں سوچتے ہوئے پہلے تو چیخوف ہماری زیست کی بے نظمی اور بے ترتیبی دیکھ کر الجھن میں پڑ گیا اور ہمارے ساتھ مل

کر کراہنے اور آہیں بھرنے لگا۔ لیکن اب وہ ایک اور بلندی پر پہنچ گیا ہے، اس نے اپنے تاثرات پر قابو پالیا ہے اور کسی بڑی سرچ لائٹ کی طرح ان کی ساری کرنوں کو ان کے سارے رنگوں کو اپنے اندر جذب کرلیا ہے، خیر وشر دونوں کو اپنے دل میں اچھی طرح تول لیا ہے اور اب ہم سے کہہ رہا ہے۔

''زندگی بڑی لمبی ہوتی ہے! ابھی تو اچھی اور بُری ہر طرح کی بات پیش آئے گی! مادرِ روس بہت وسیع وعریض ہے، میں روس میں ہر جگہ ہو آیا ہوں اور میں نے ہر چیز دیکھی ہے۔ میرے عزیز جو میں تم سے کہہ رہا ہوں۔ اسے سنو۔ اچھی باتیں بھی ہوں گی اور بُری باتیں بھی۔ میں نے سائبیریا تک آوارہ گردی کی ہے، دریائے آمو اور کوہ الطائی دیکھا ہے۔ میں سائبیریا میں جا بسا تھا اور کھیتی باڑی کیا کرتا تھا۔ پھر مجھے مادرِ وطن کی یاد نے بہت ستایا اور میں اپنے گاؤں واپس آ گیا۔ میں روس بالکل پیدل چل کے آیا تھا۔ مجھے یاد ہے کہ ہم ناؤ میں ایک دریا پار کر رہے تھے۔ میں ایسا دُبلا پتلا تھا جیسے چھڑ، میرے چیتھڑے لگے ہوئے تھے اور میں ننگے پیروں تھا، سردی کے مارے میں کانپ رہا تھا اور روٹی کا سوکھا ٹکڑا چبا رہا تھا۔ ناؤ میں ایک عجیب وغریب آدمی سوار تھا۔۔۔ اگر وہ مر گیا ہو تو خدا اس پر رحمت کرے۔۔۔ اس نے بڑے رحم کے ساتھ میری طرف دیکھا اور اس کے چہرے پر آنسو بہنے لگے۔ وہ بولا۔

''تمہاری روٹی بھی سیاہ ہے اور تمہارے دن بھی۔''

جب میں گھر پہنچا تو میرے پاس کچھ بھی نہیں تھا۔ اپنی بیوی کو میں سائبیریا میں چھوڑ آیا تھا، قبرستان میں اور اب میں محنت مزدوری کرتا ہوں۔ کیوں نہ کروں میں آپ کو بتاتا ہوں کہ مجھے بہت سی اچھی باتیں بھی پیش آئی ہیں اور بُری باتیں